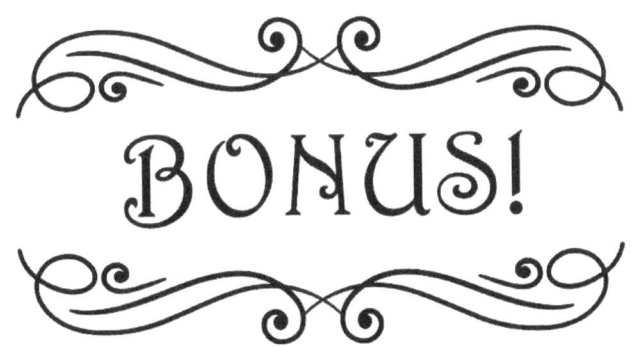

BONUS!

FREE Bonus Coloring Pages

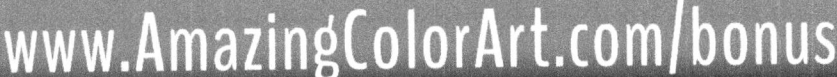

www.AmazingColorArt.com/bonus

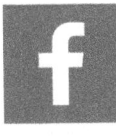 FB.com/AmazingColorArt

 @amazingcolorart

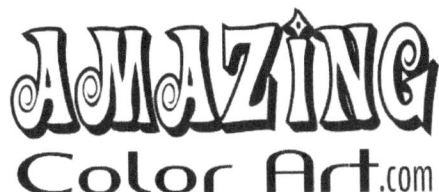

Images in this Book

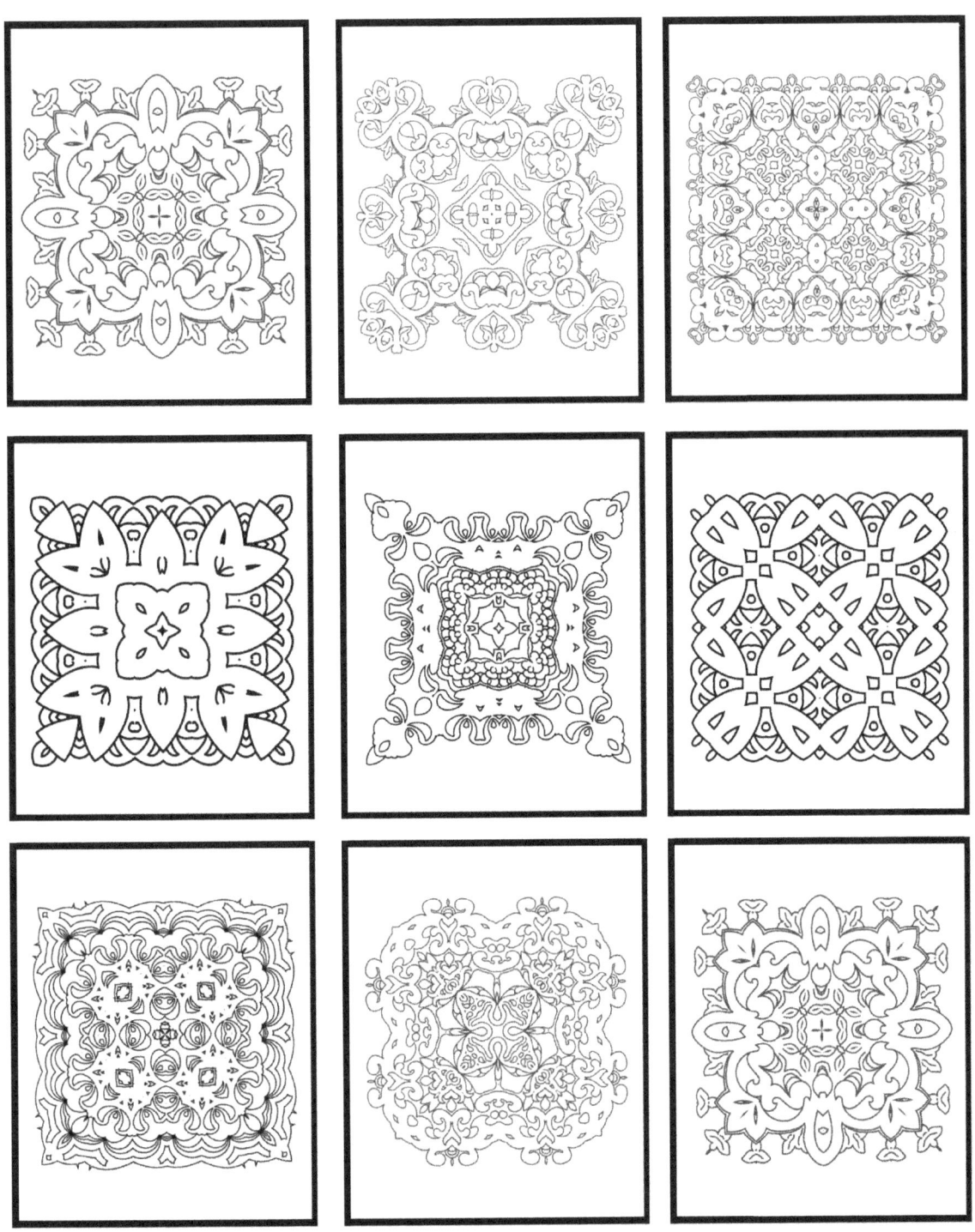

and much more!

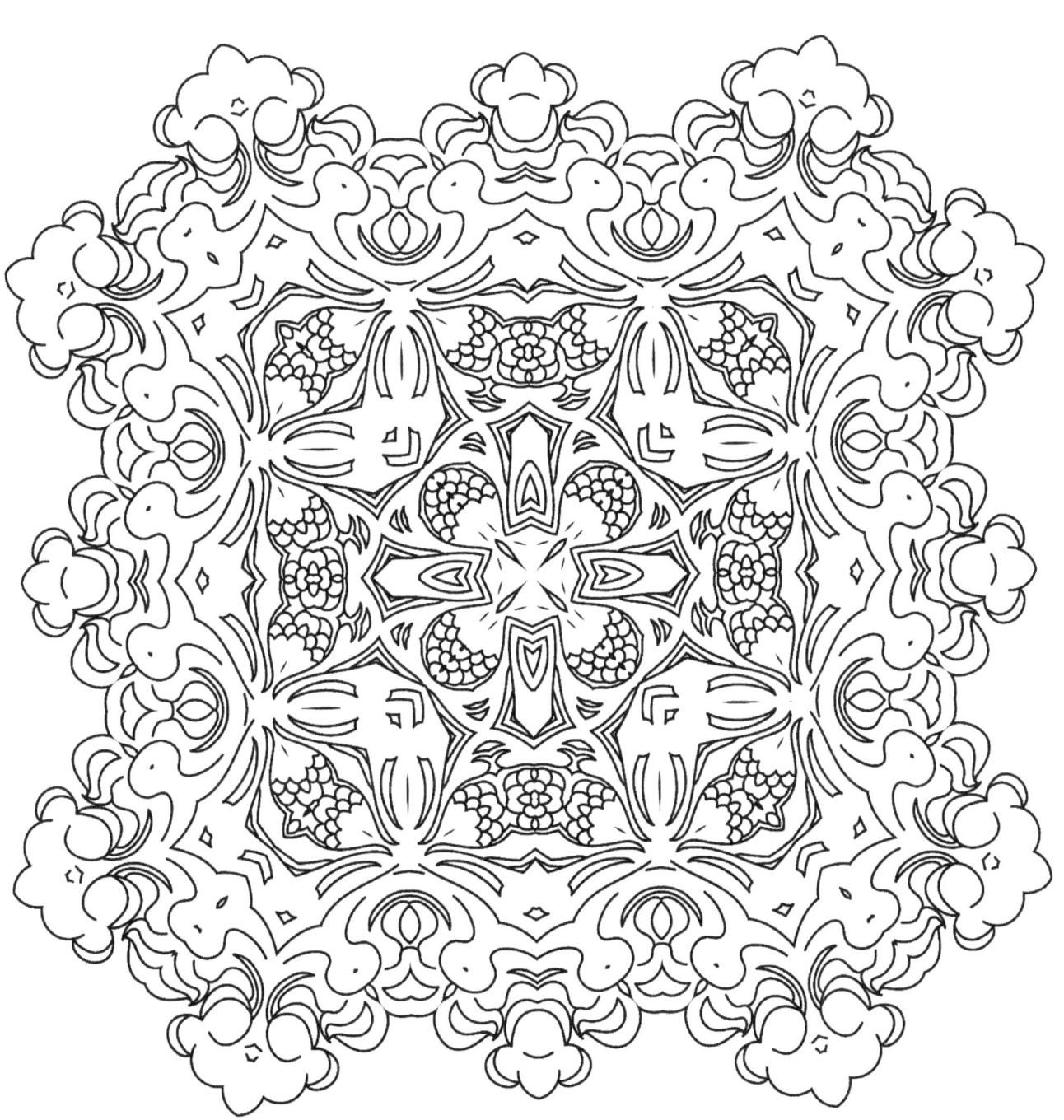

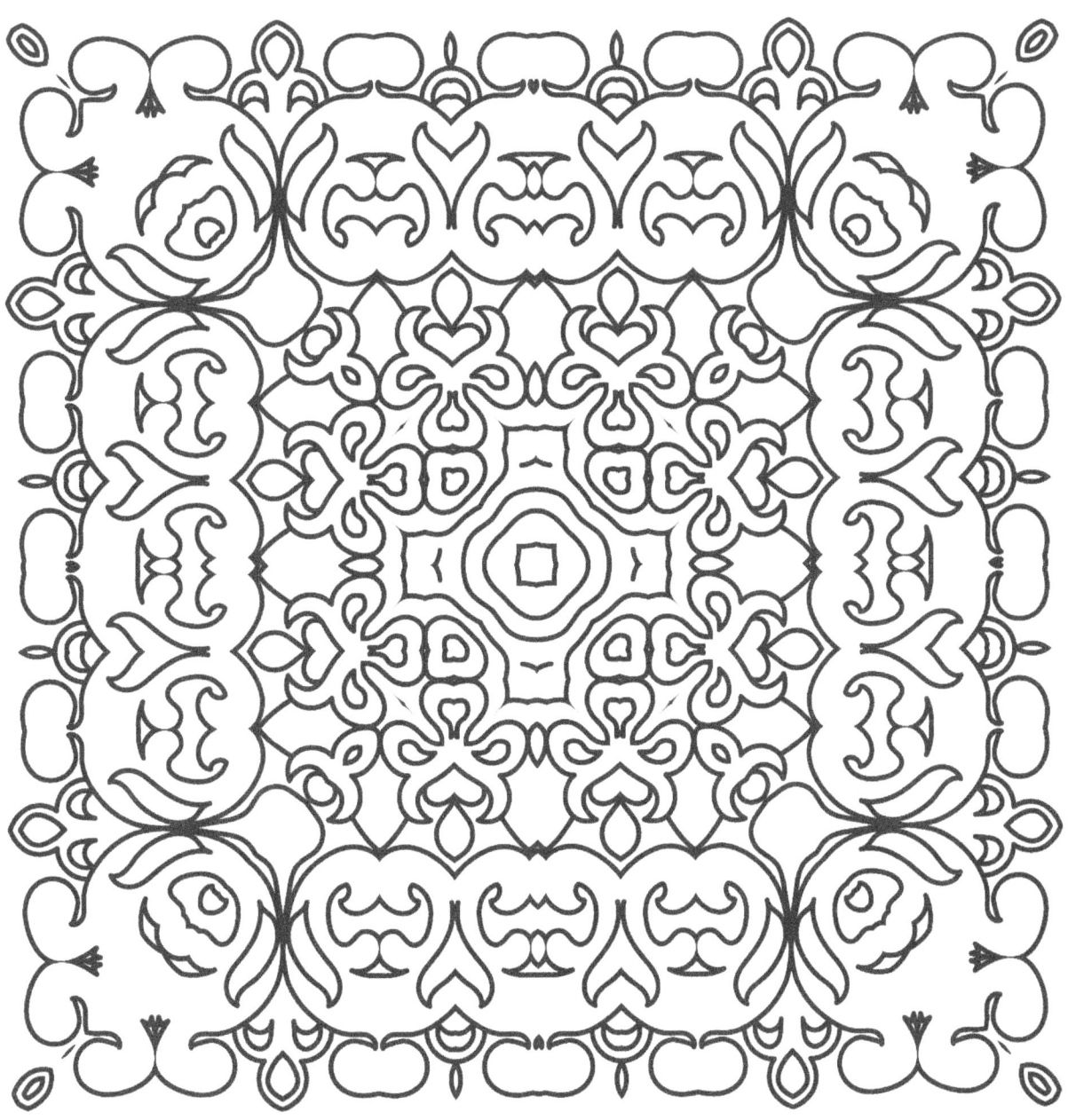

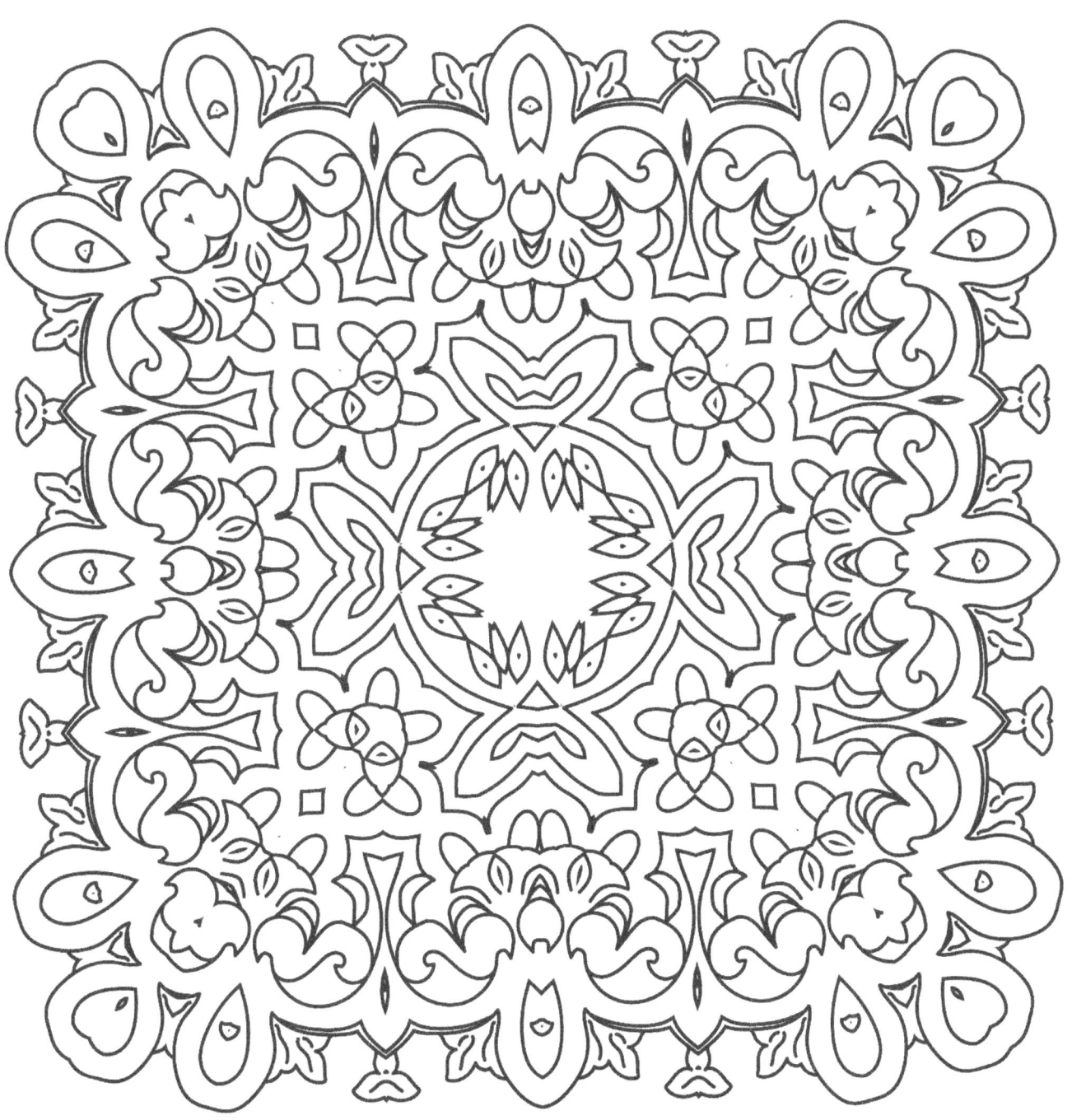

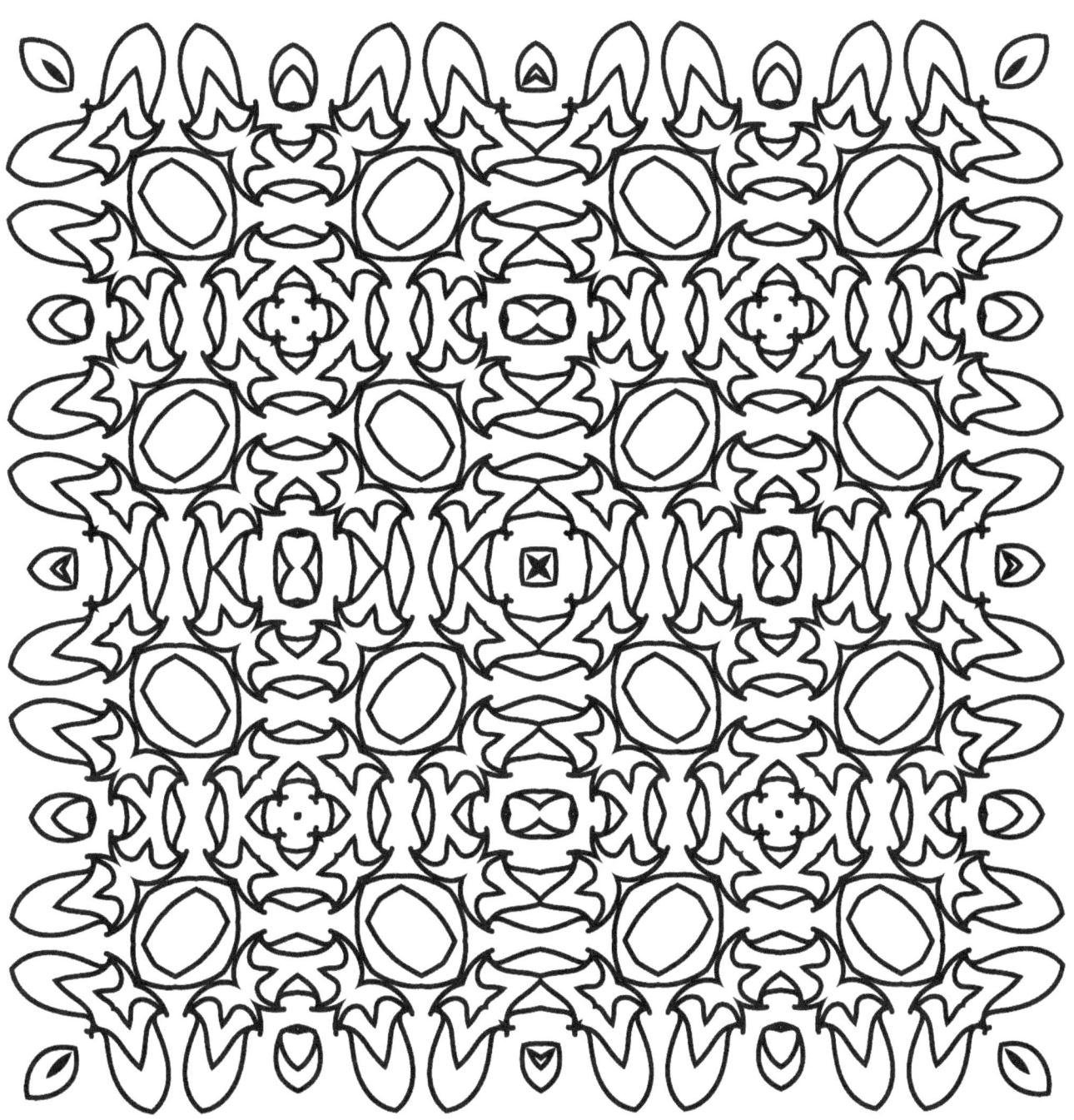

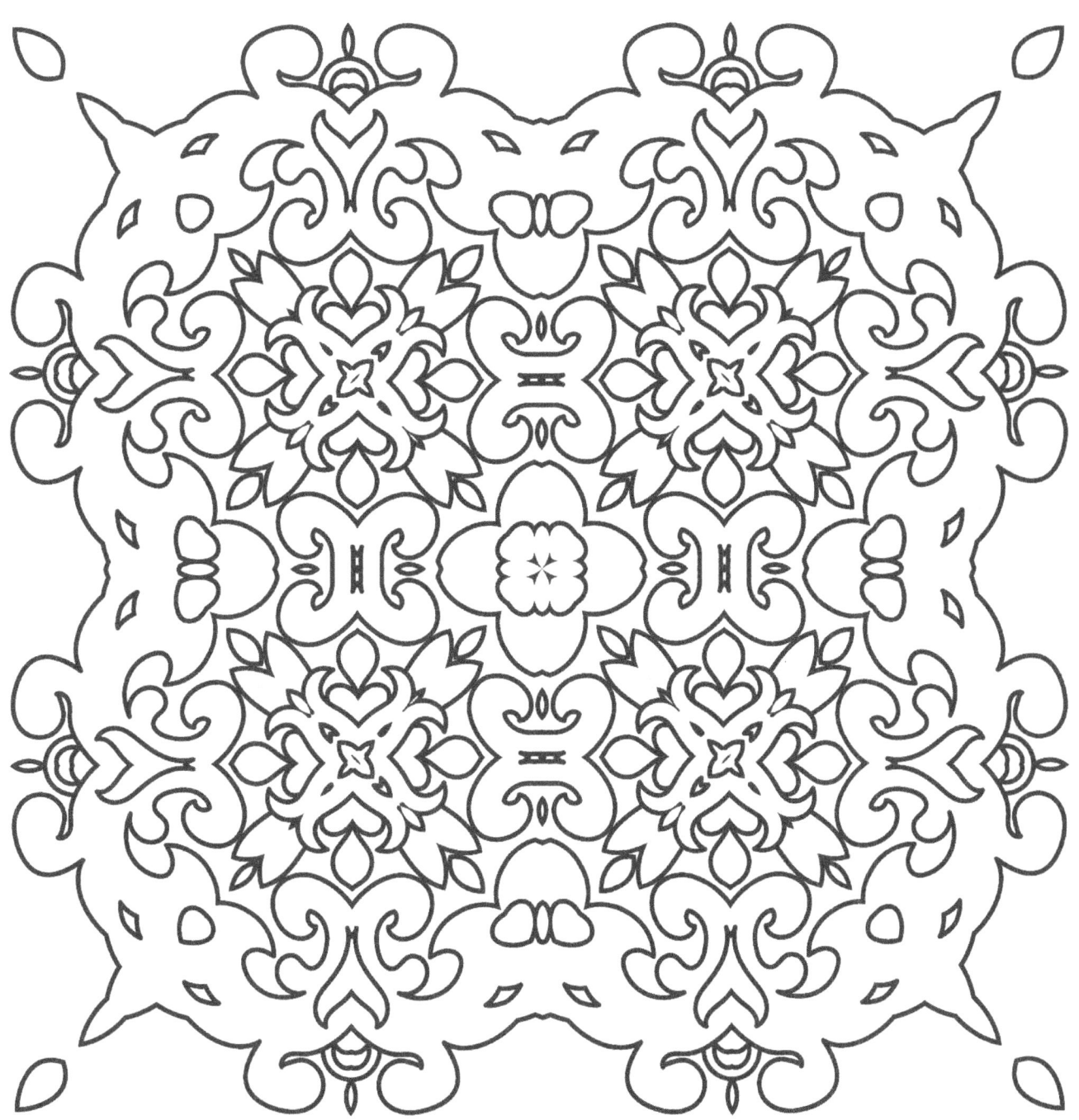

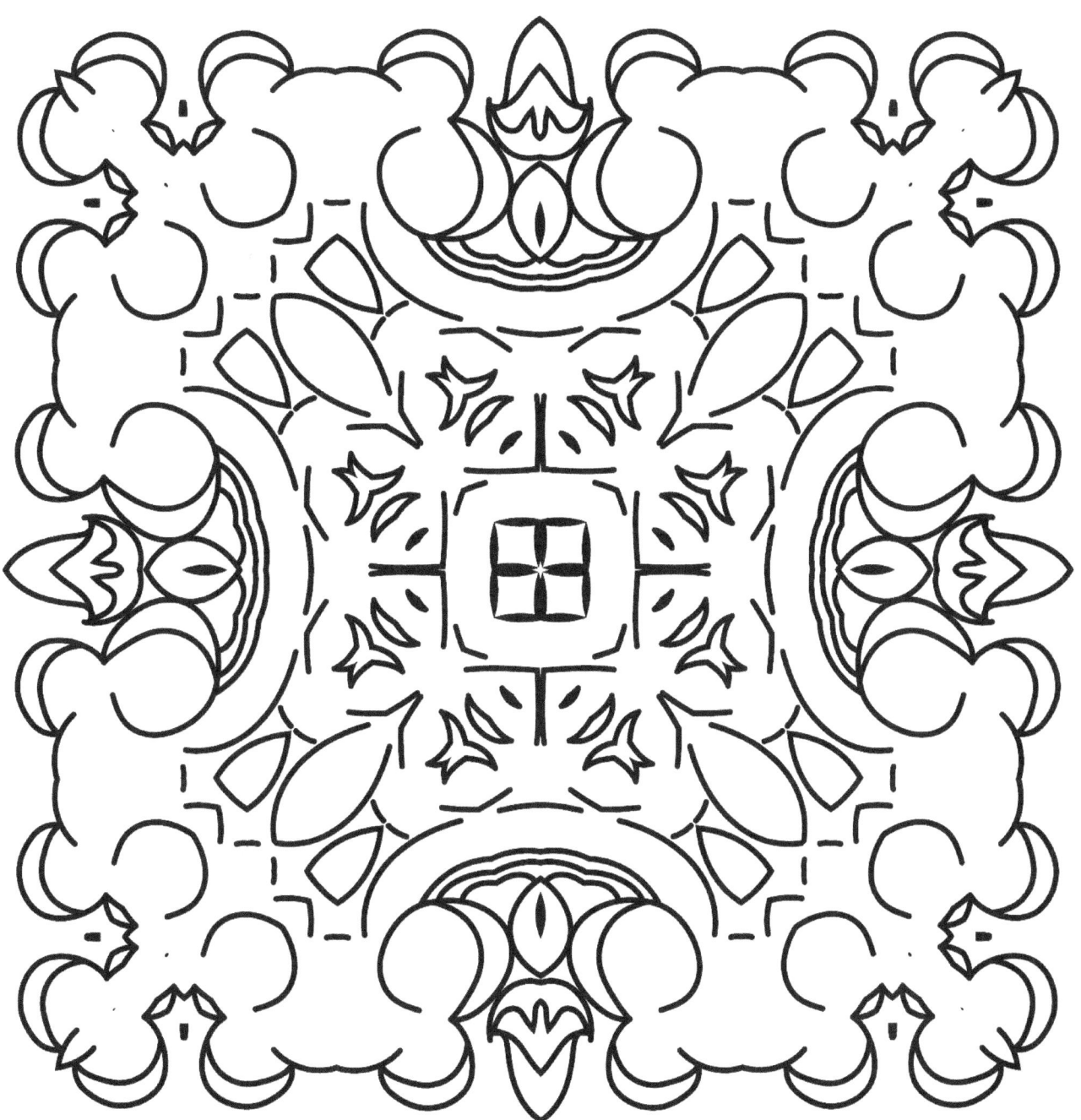

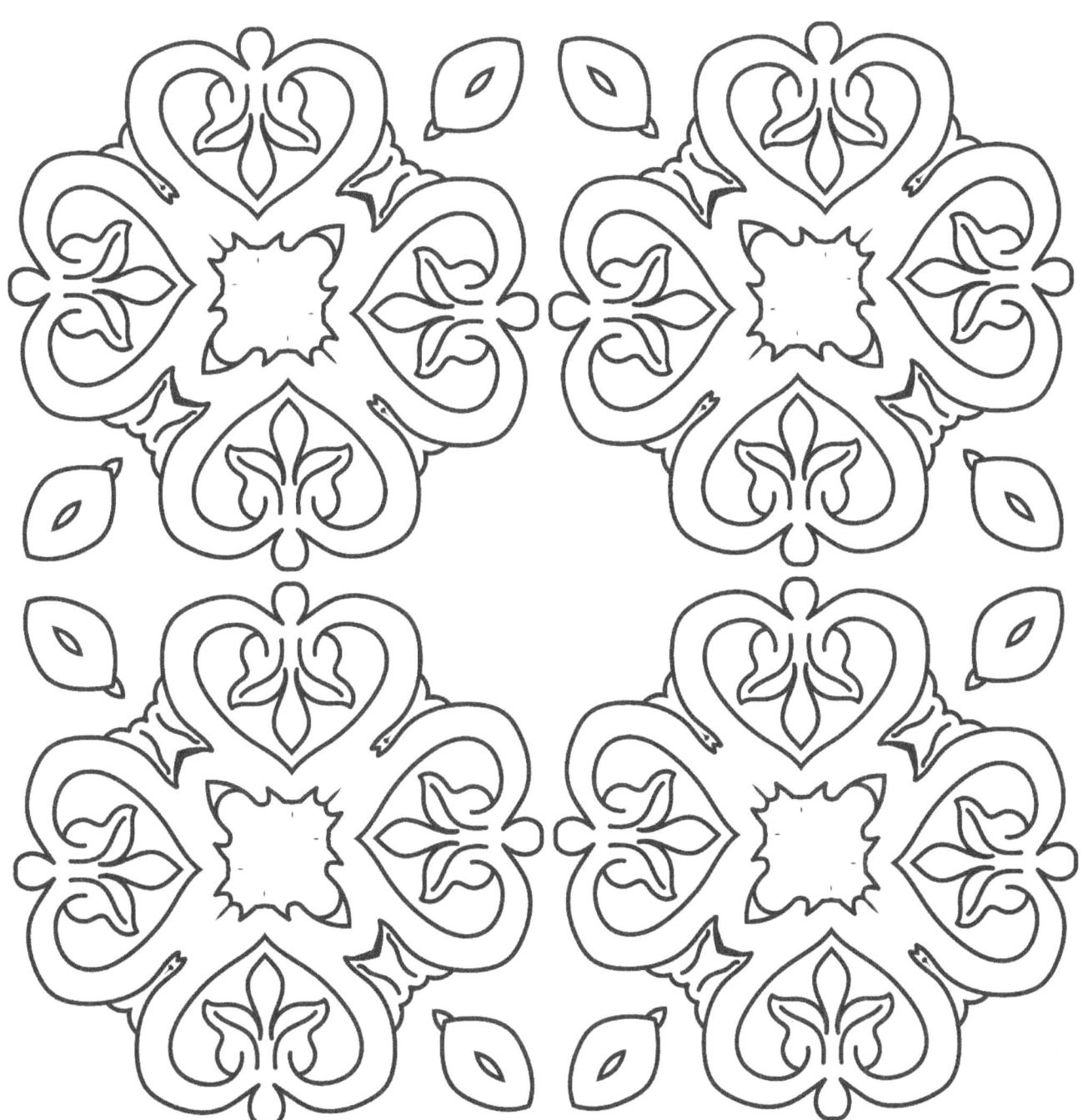

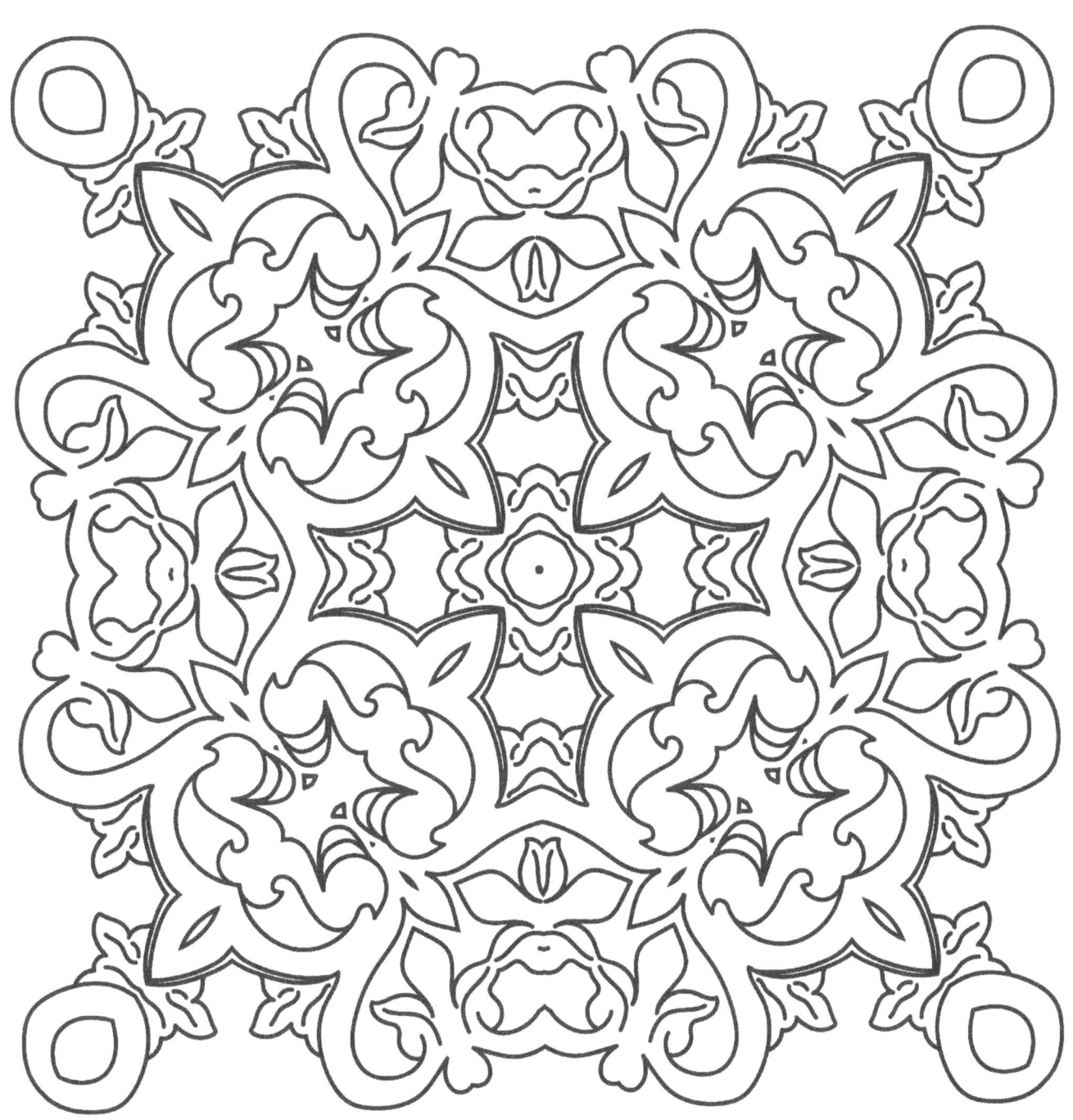

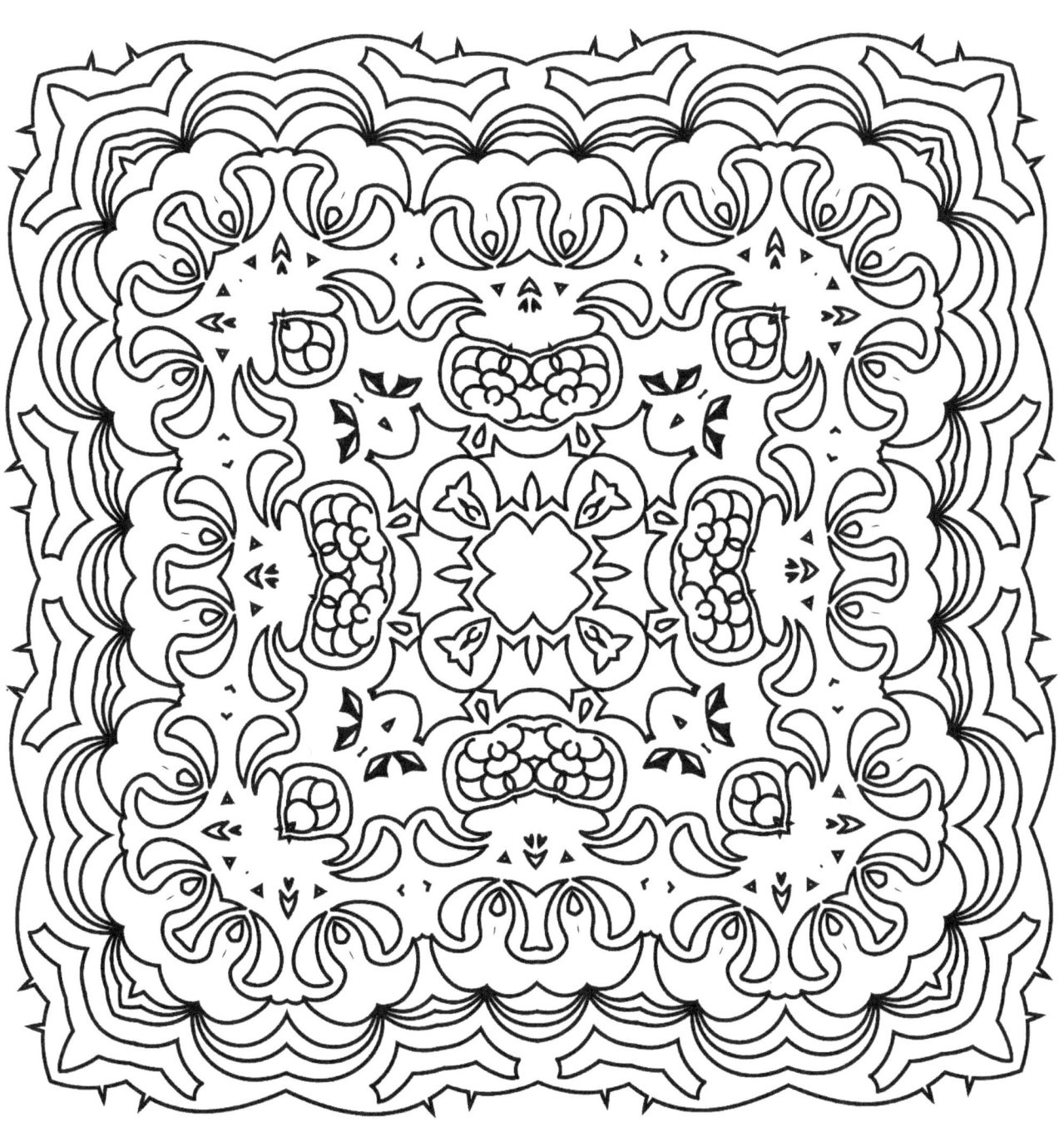

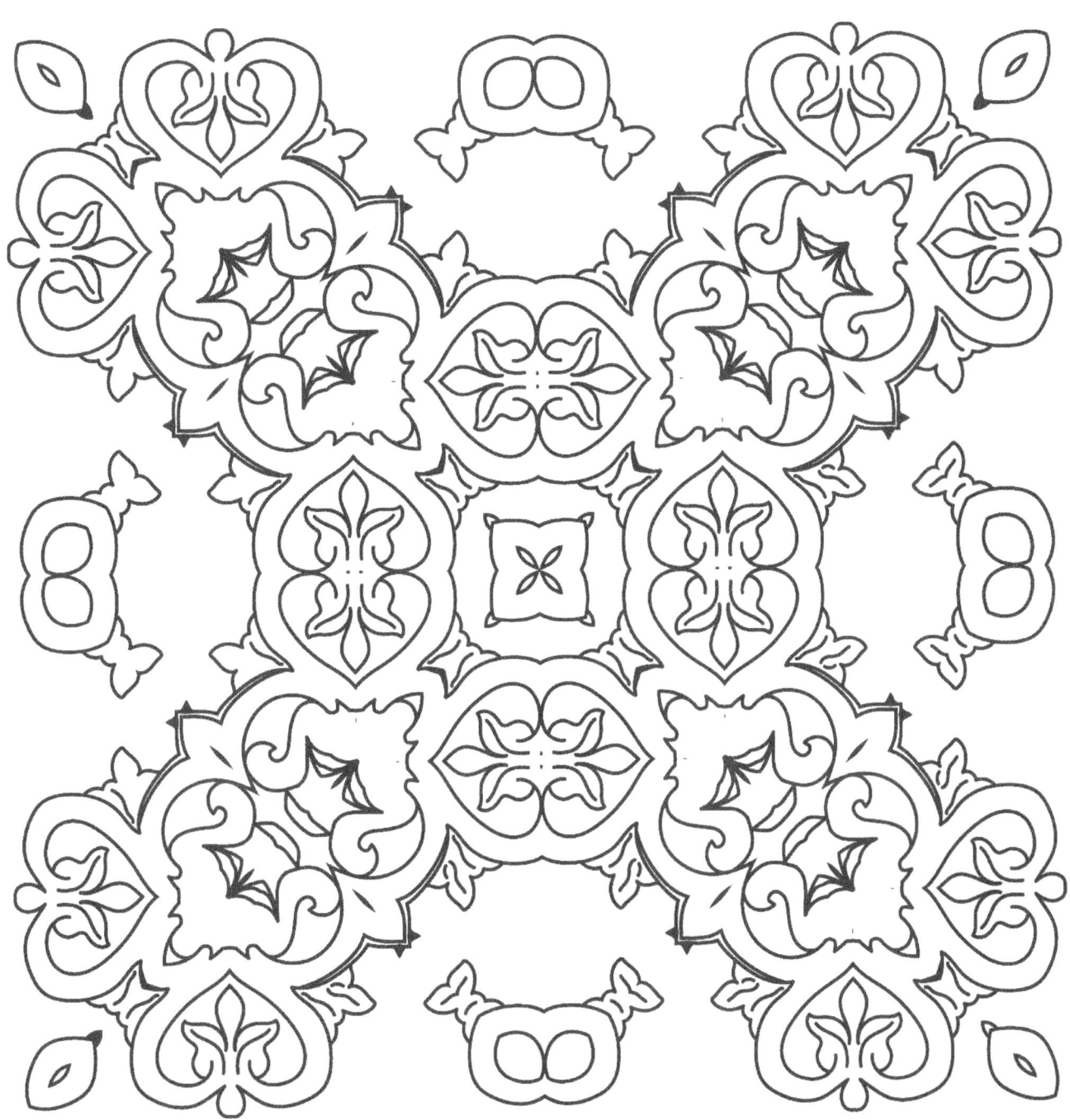

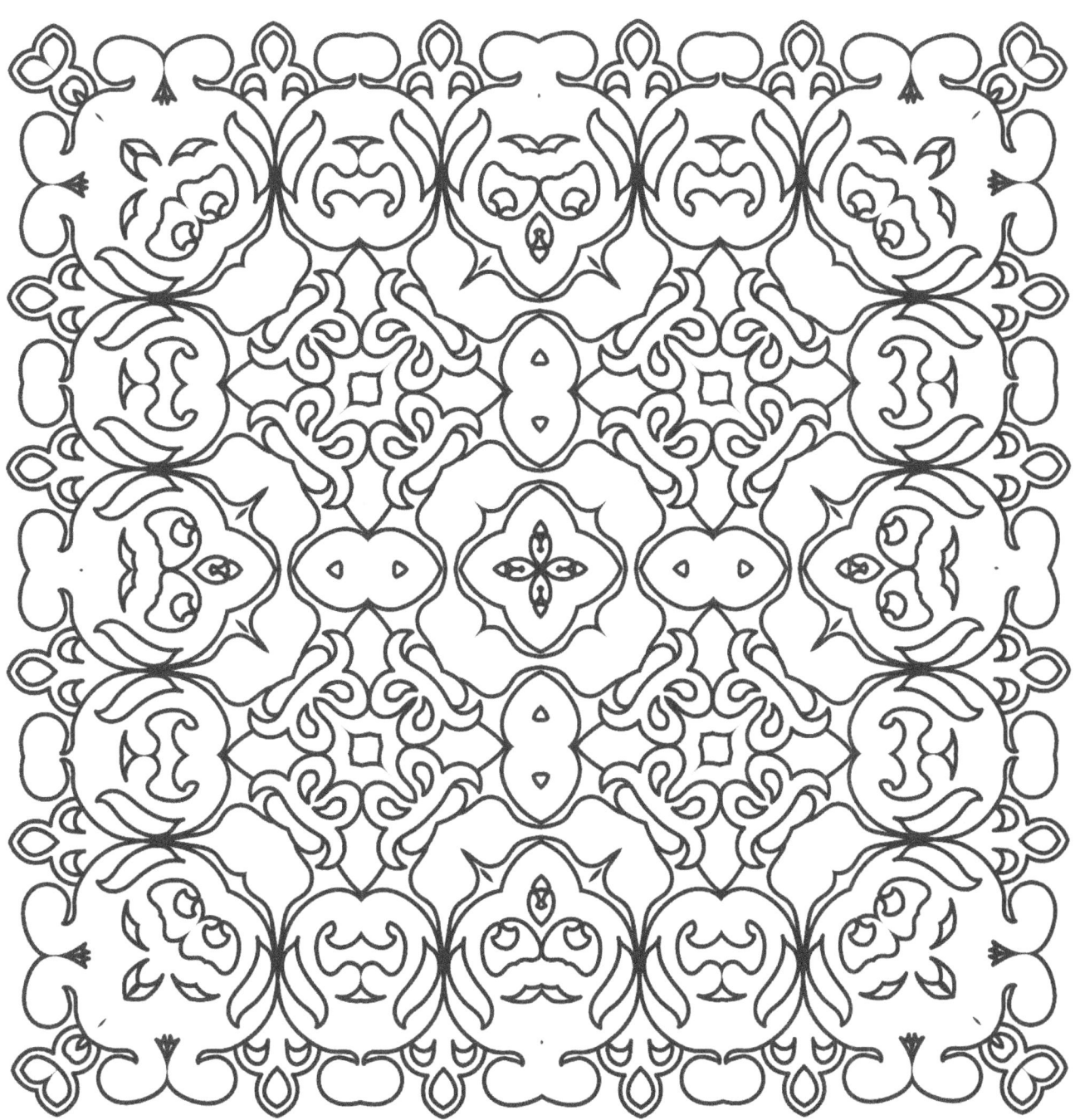

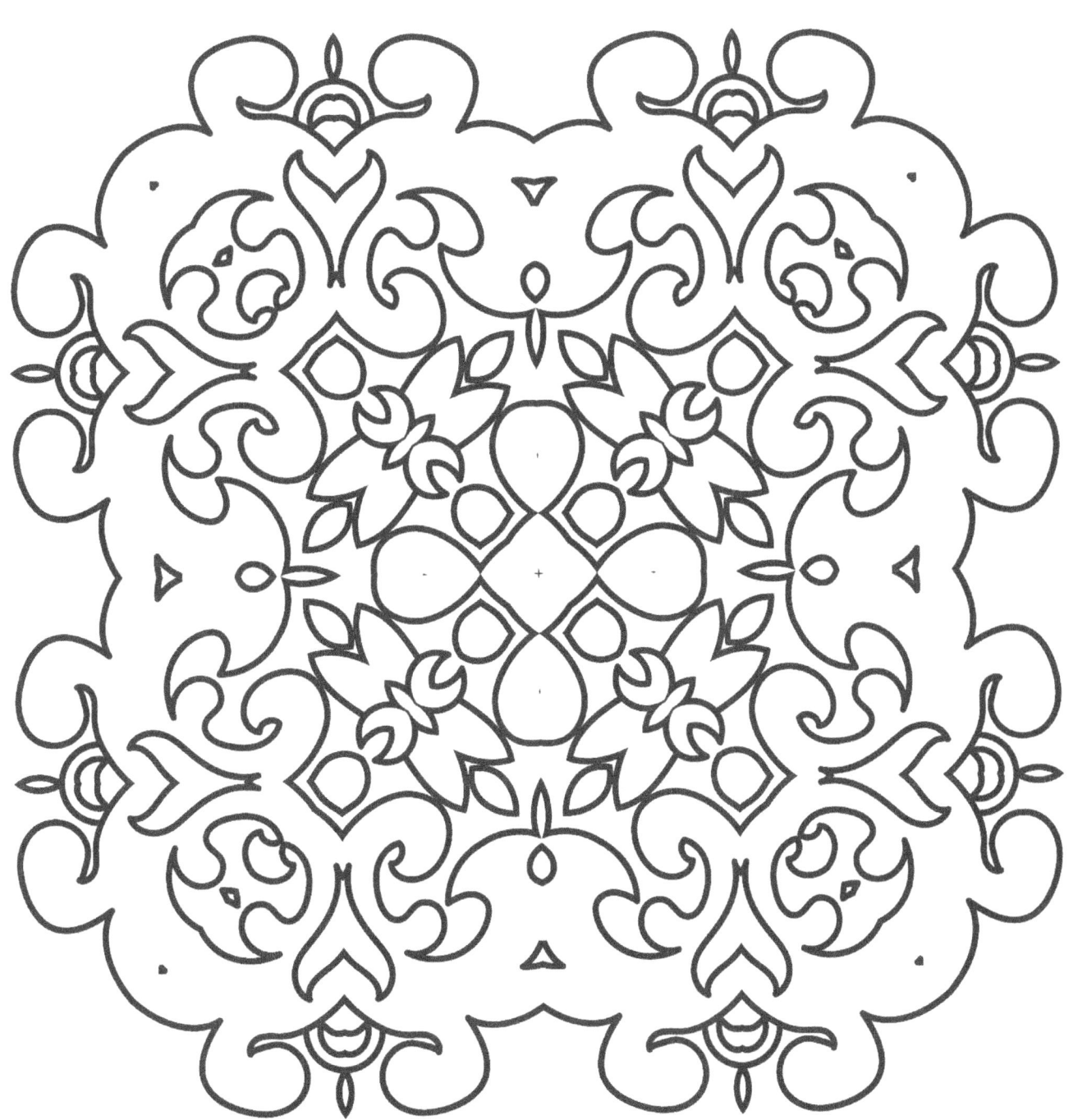

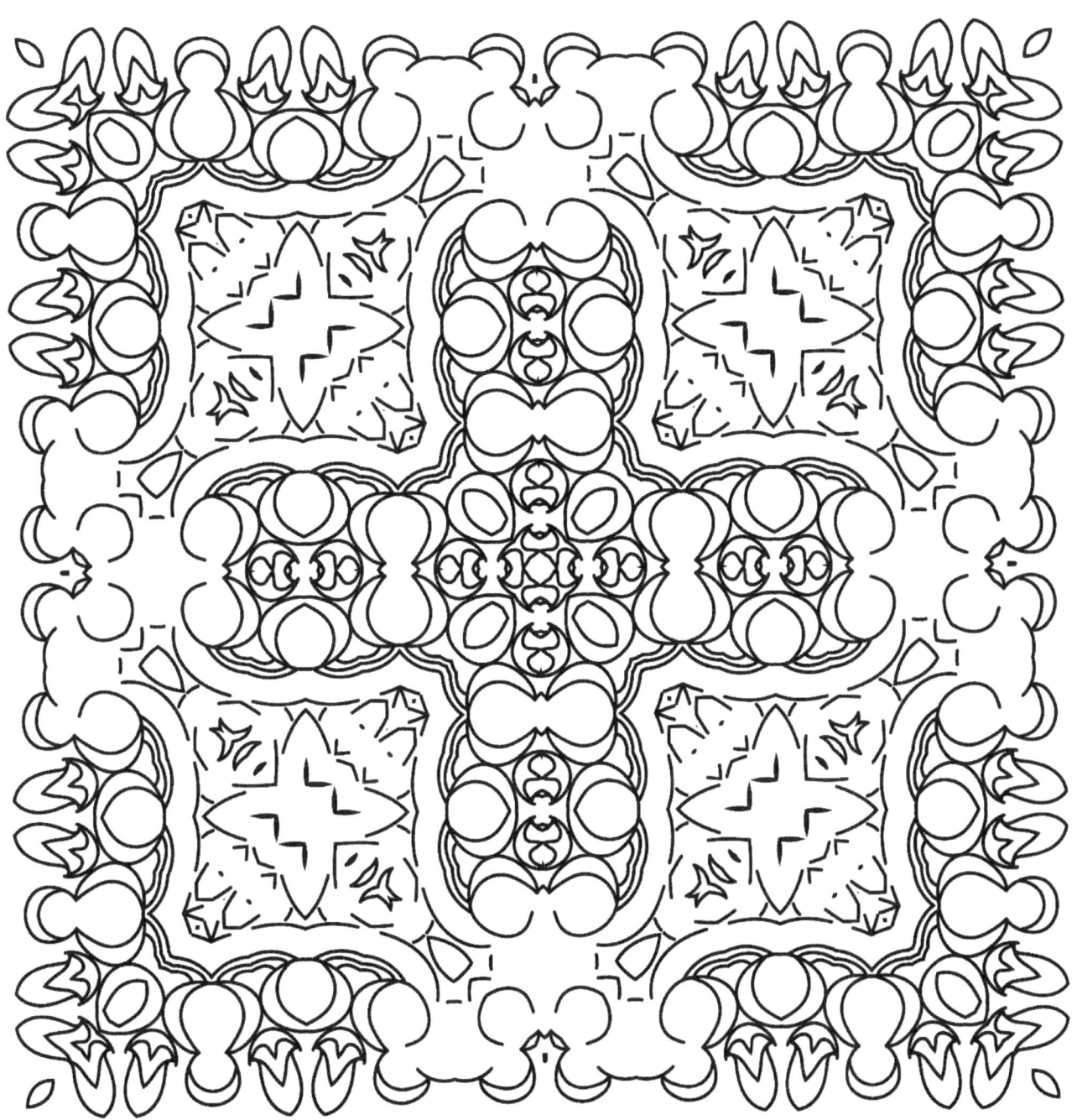

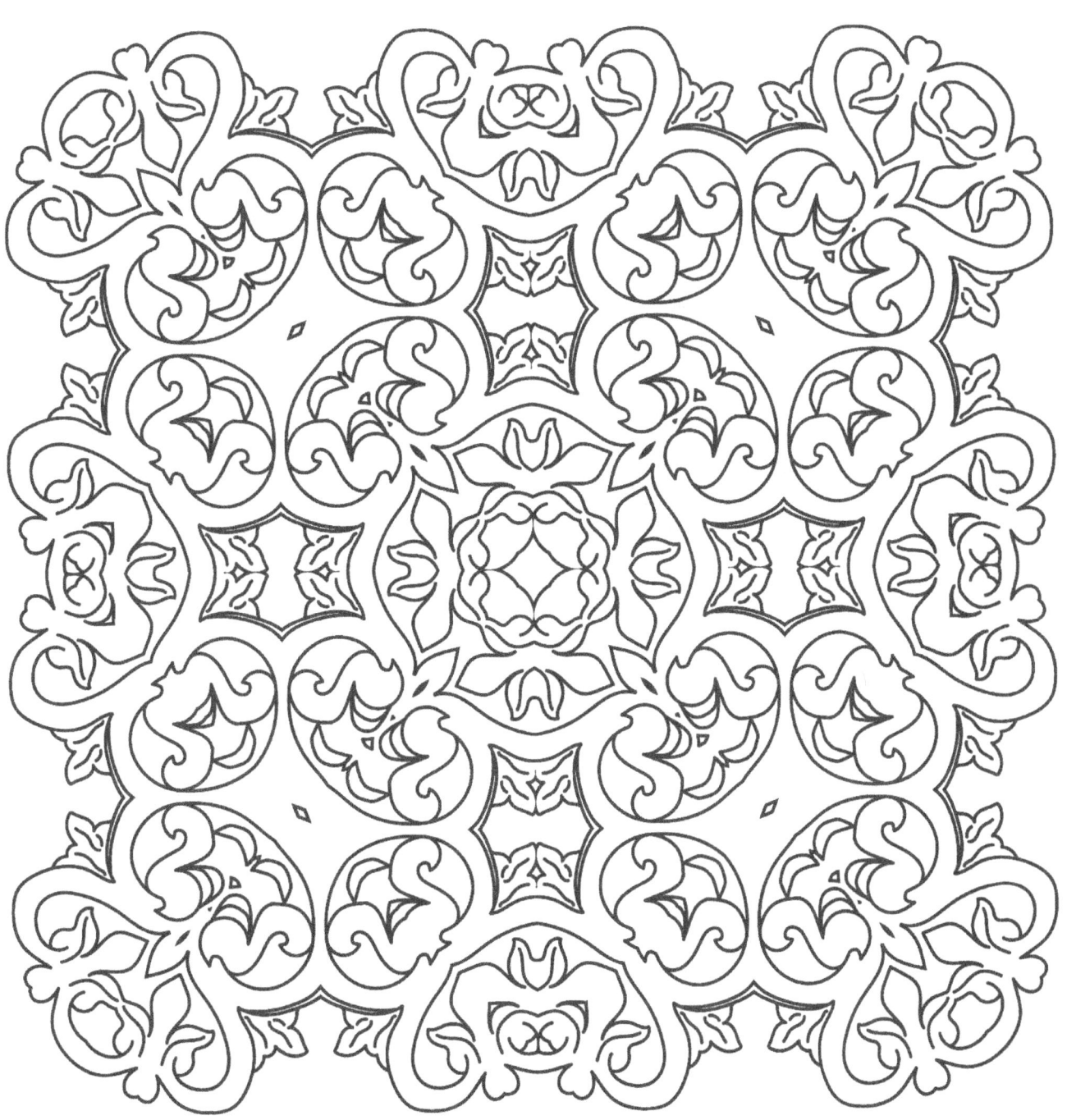

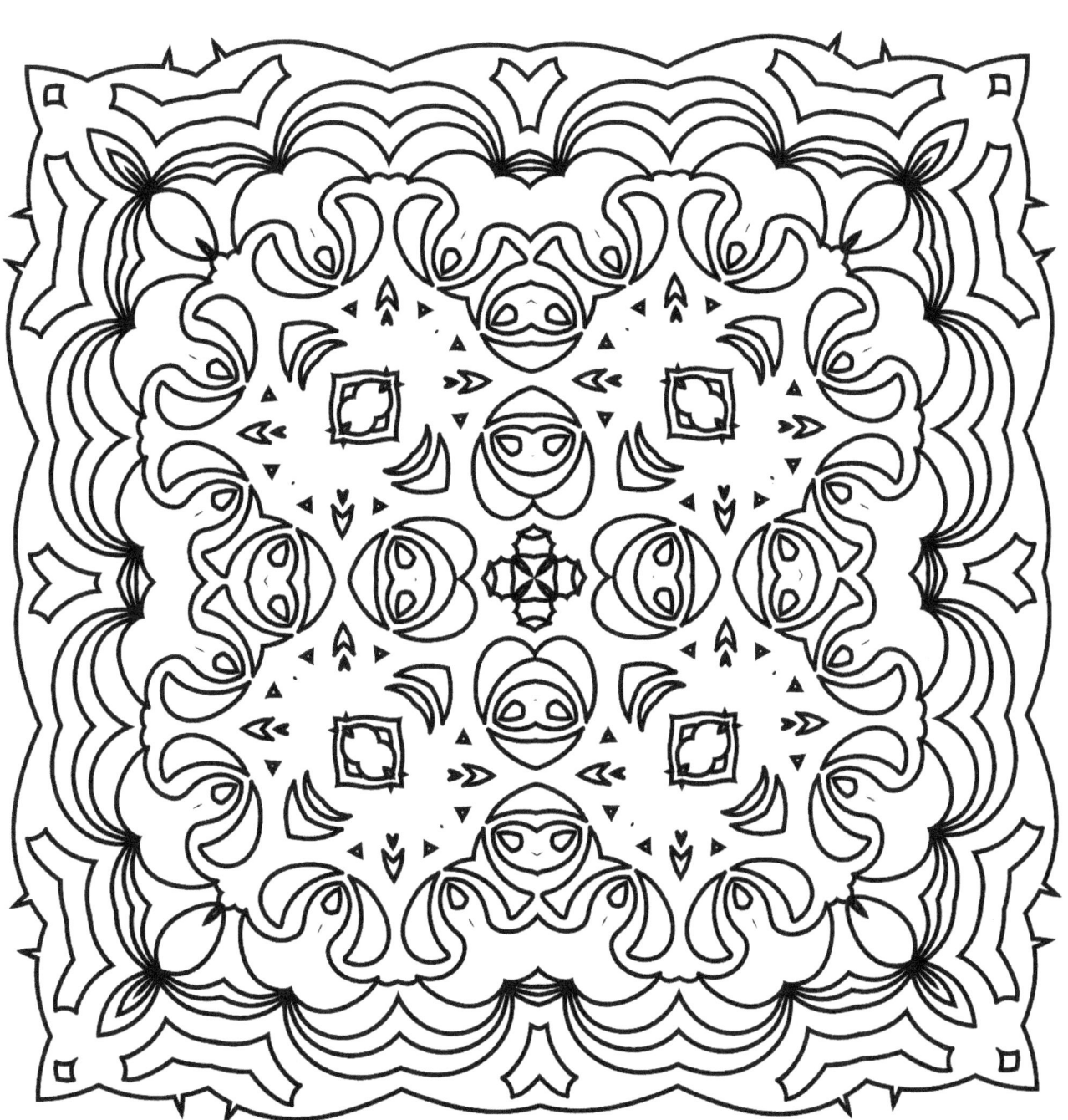

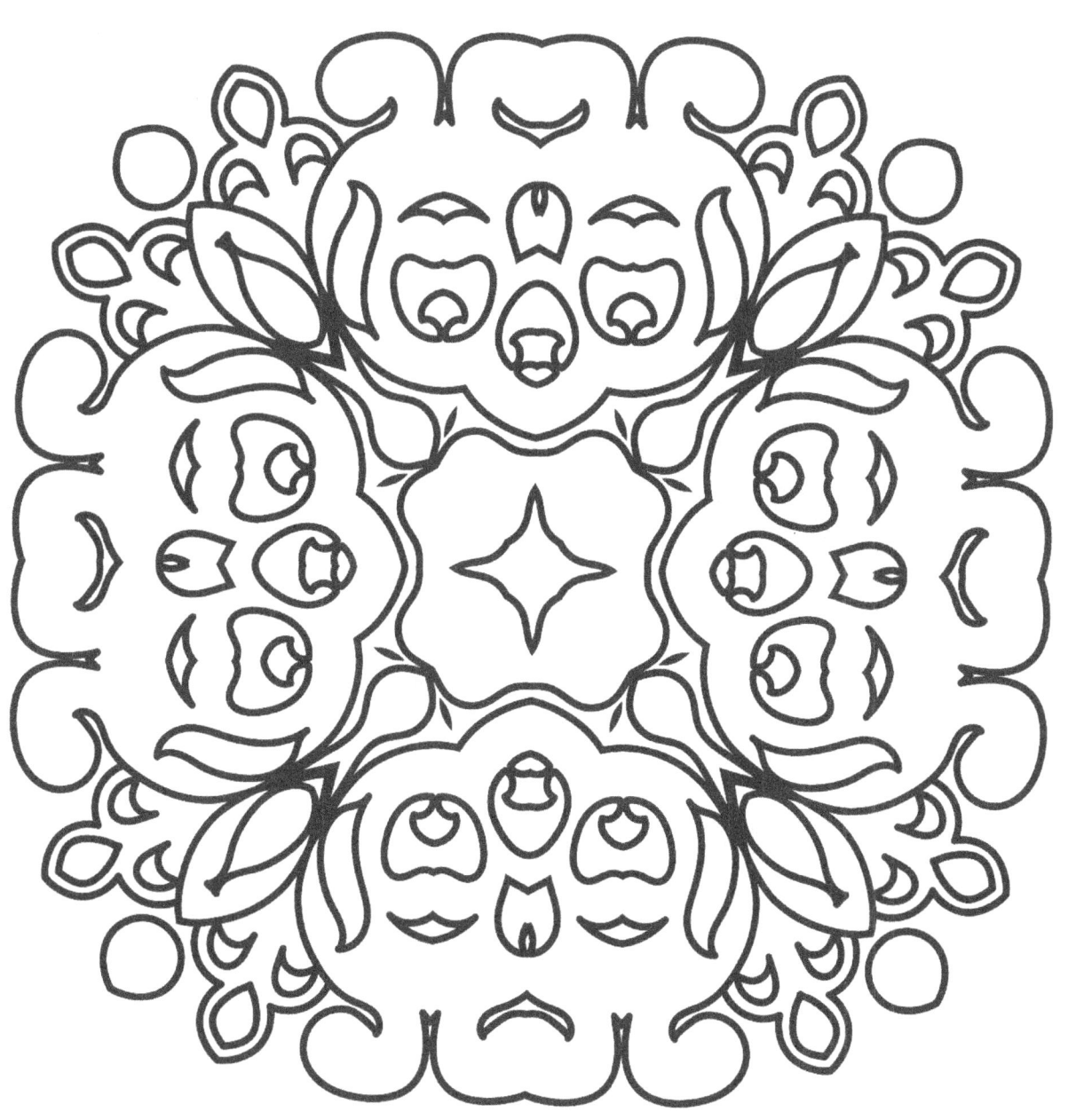

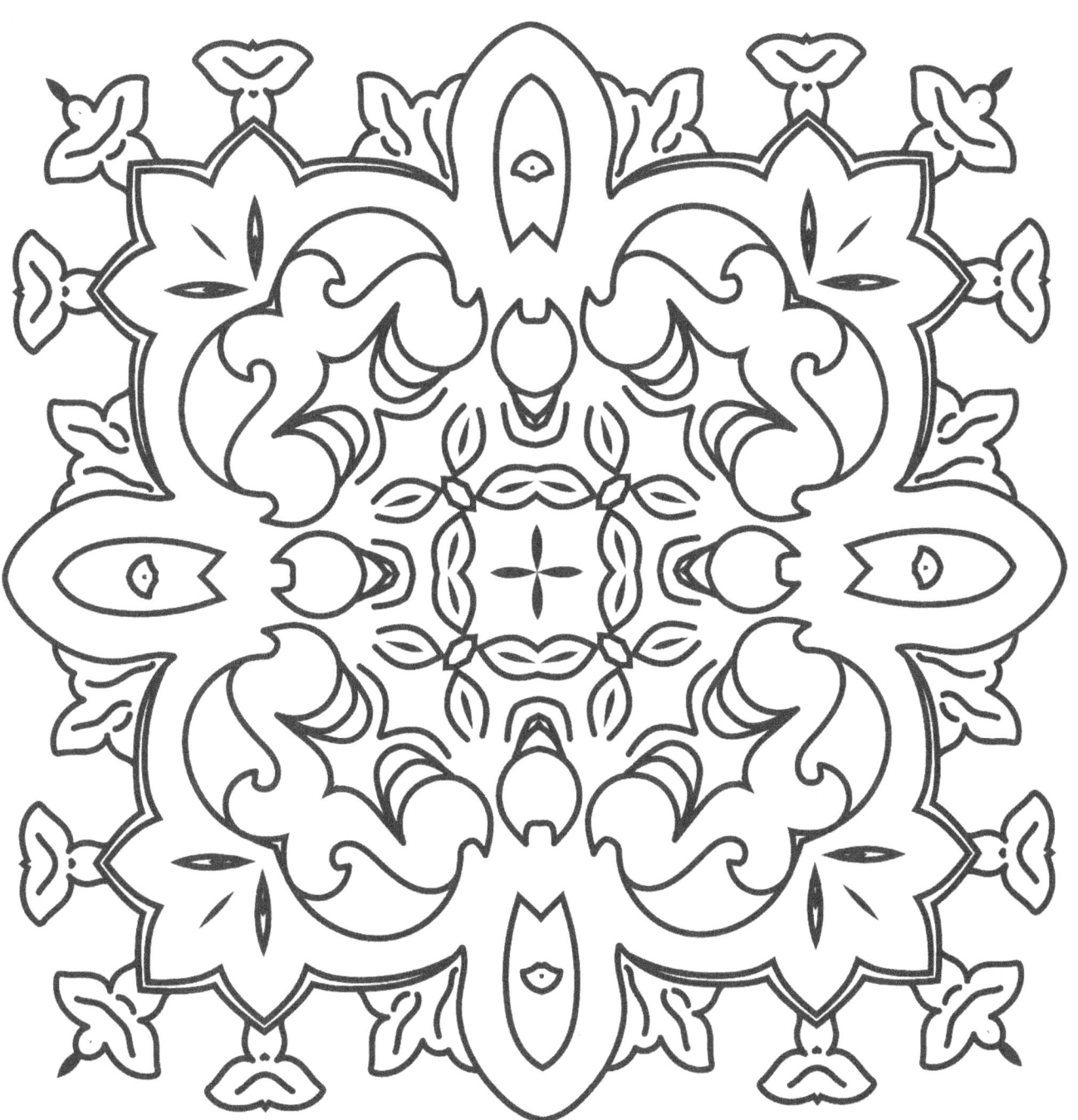

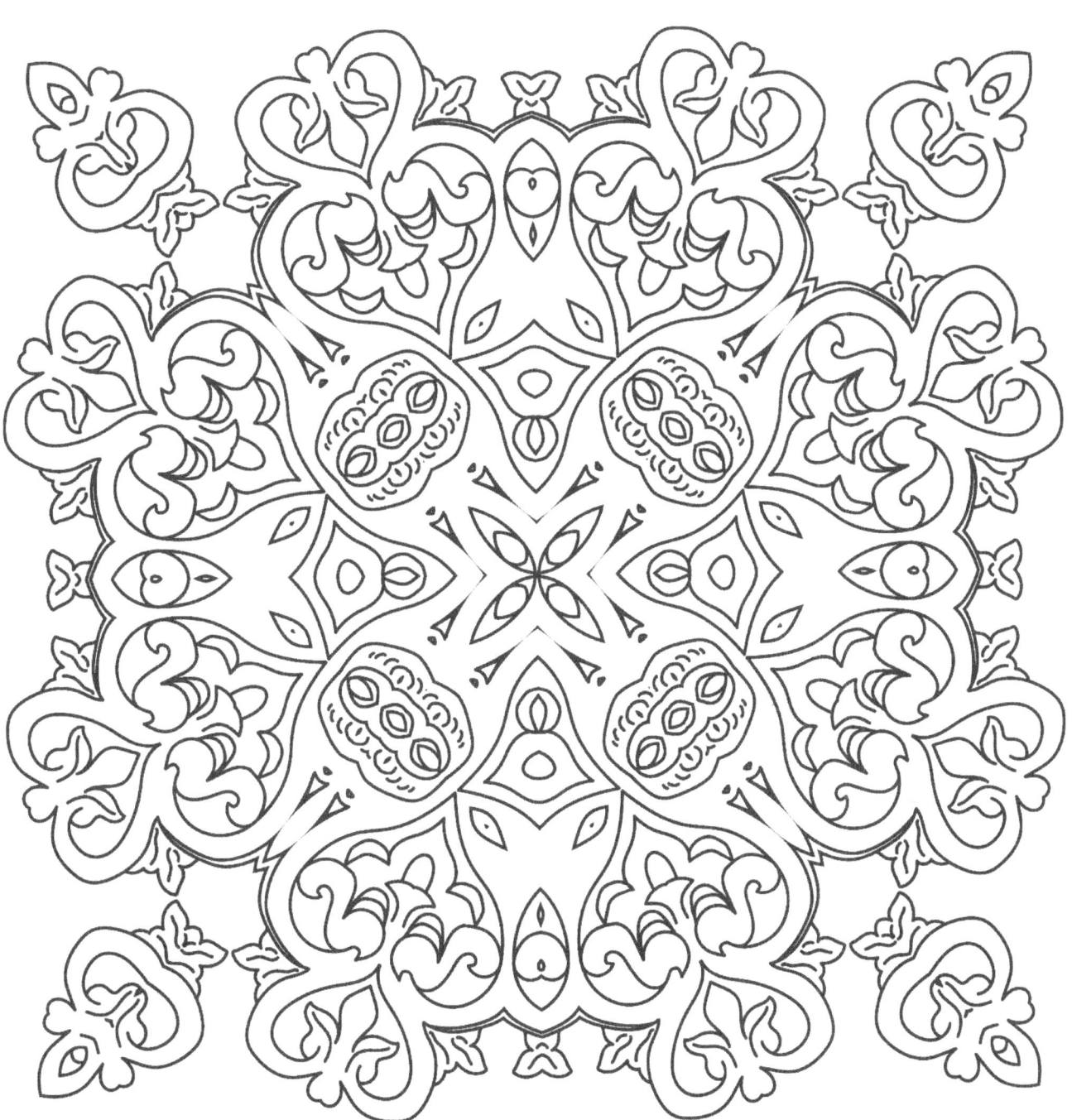

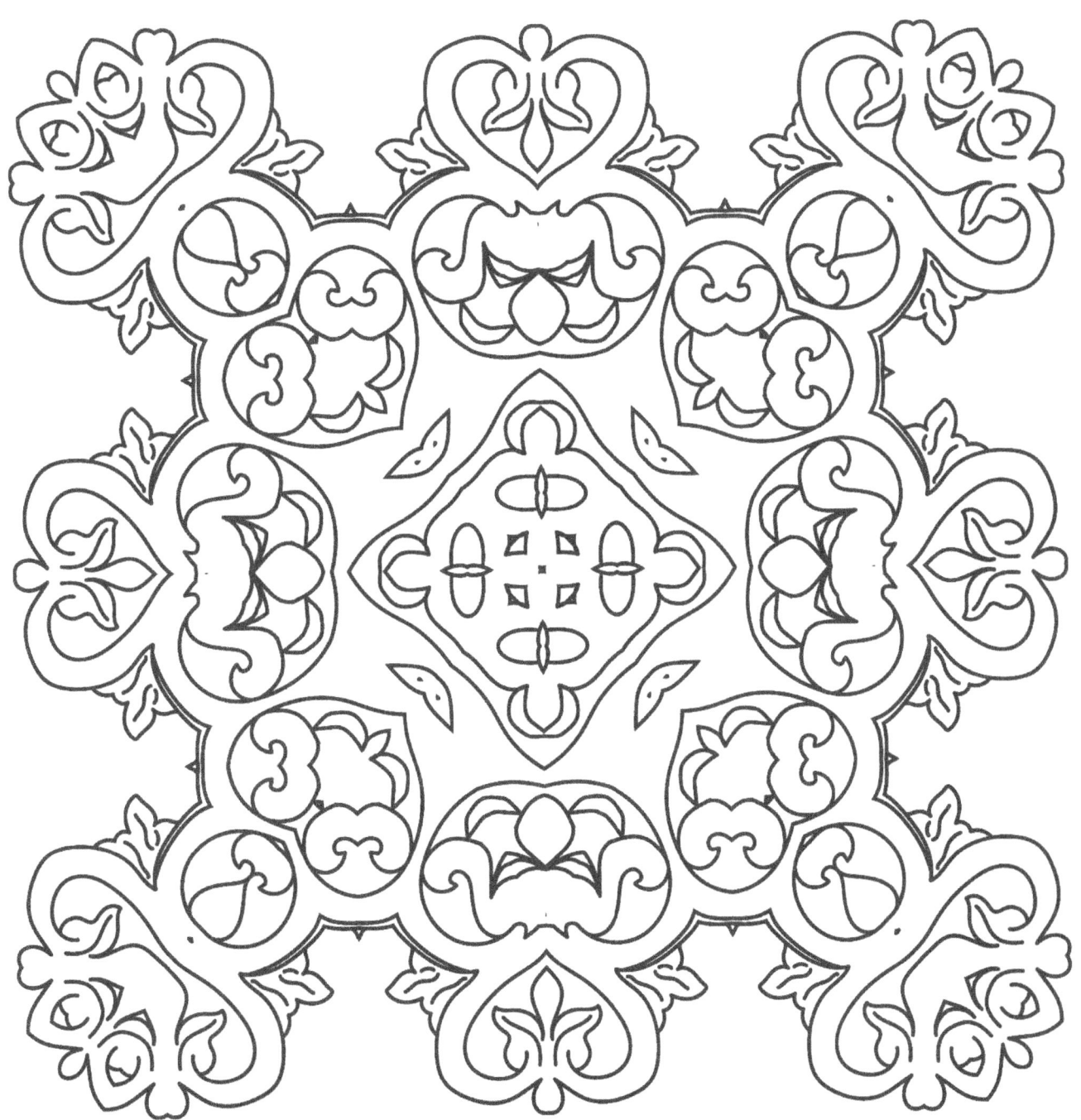

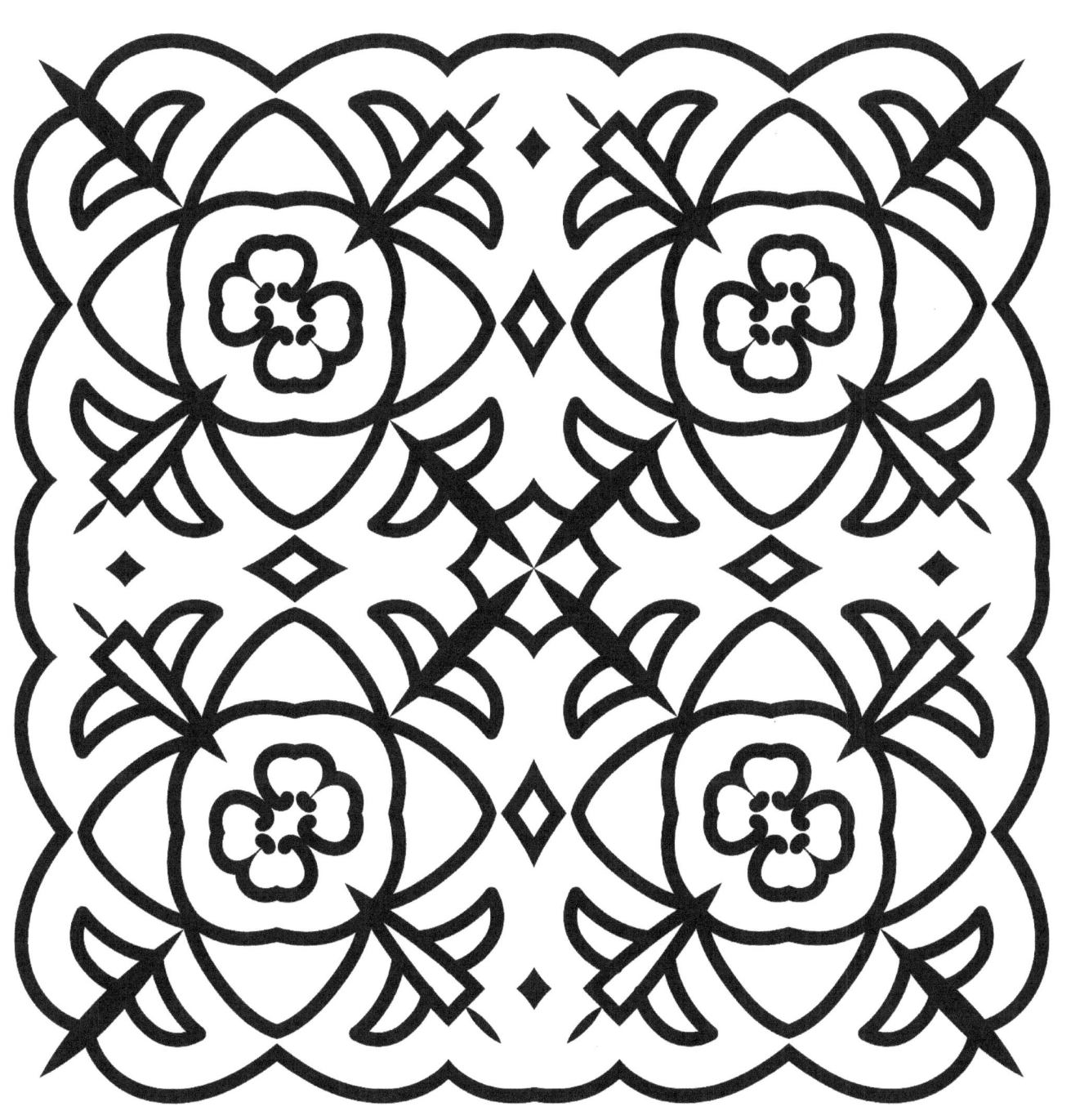

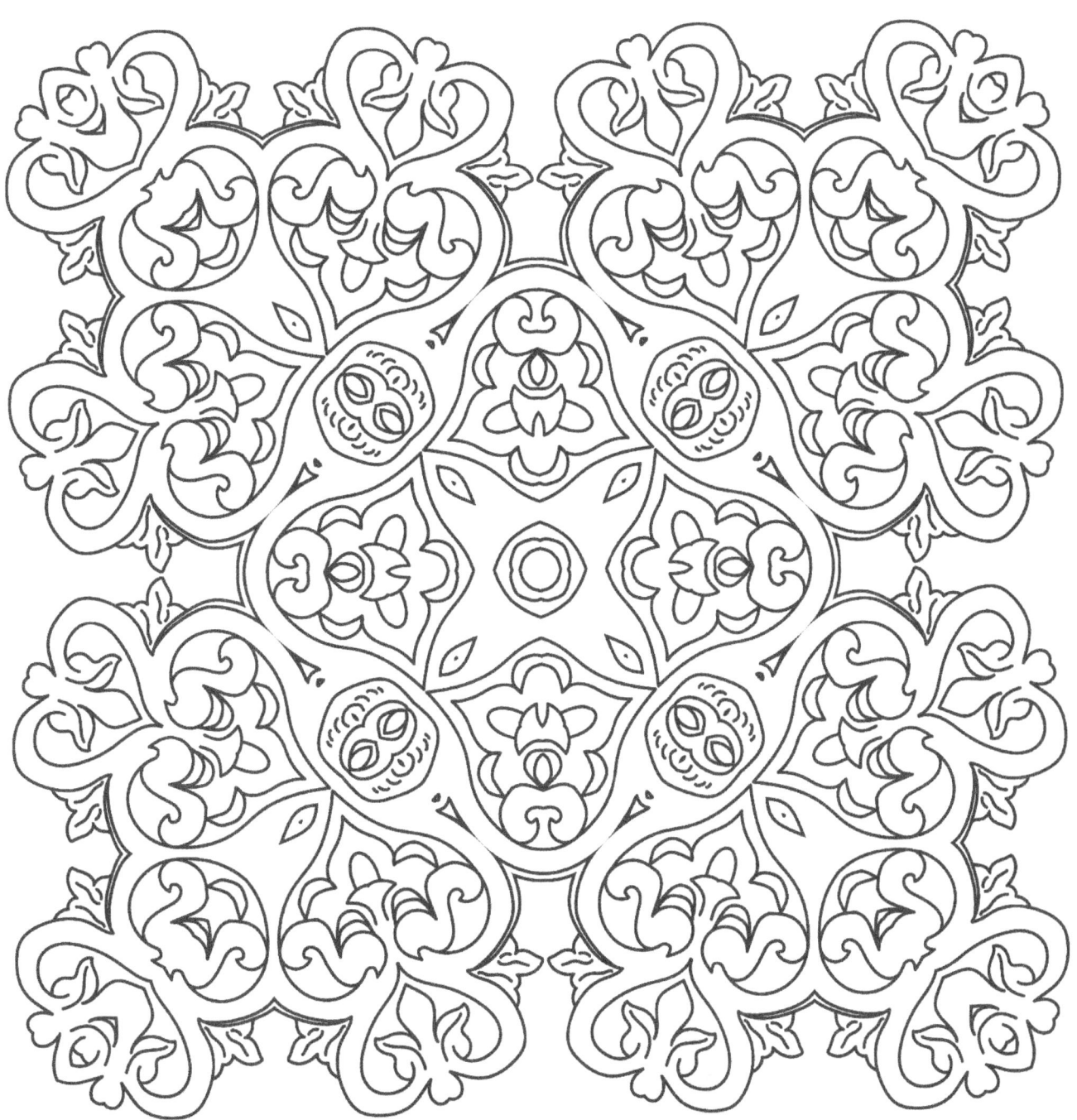

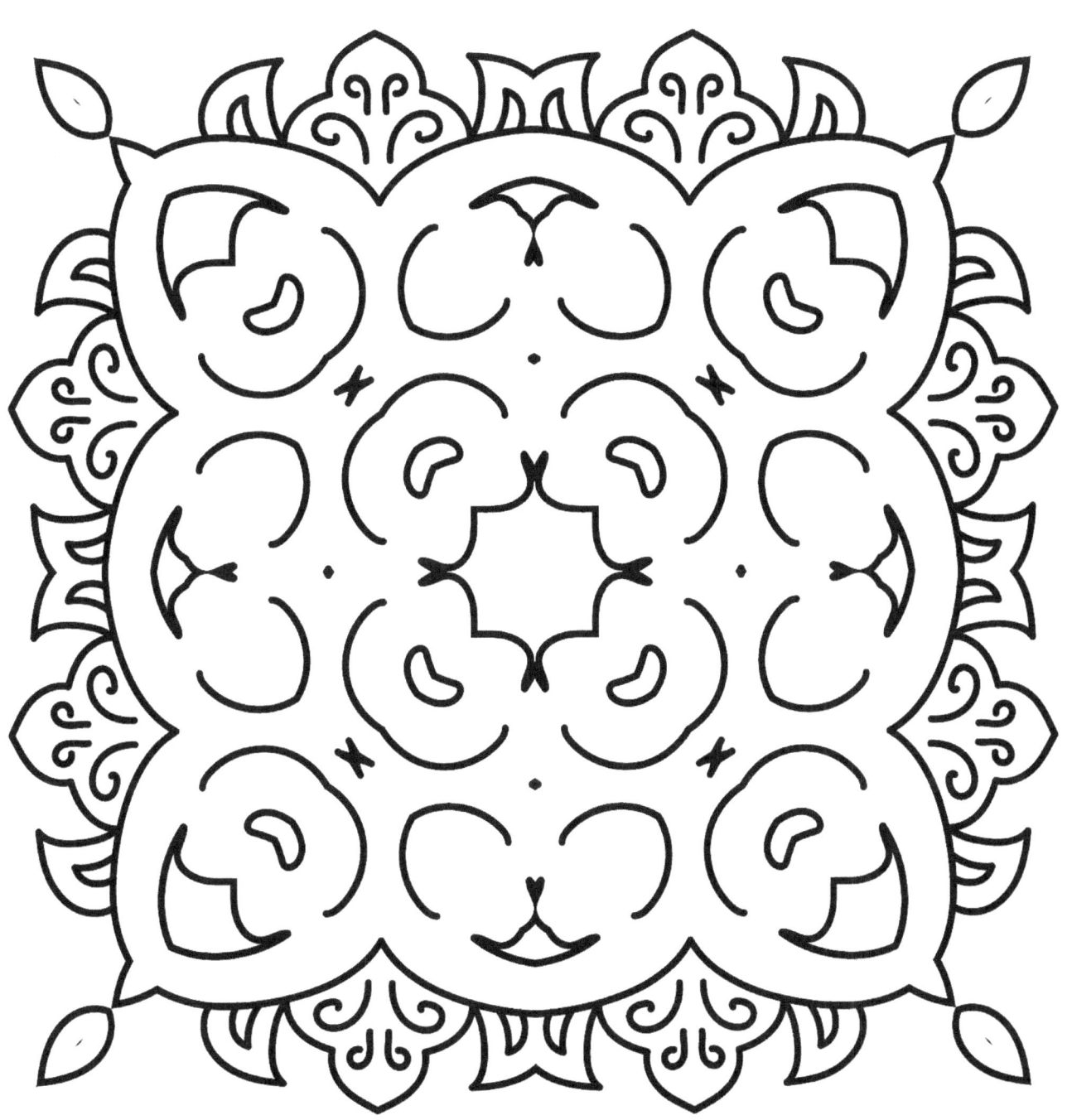

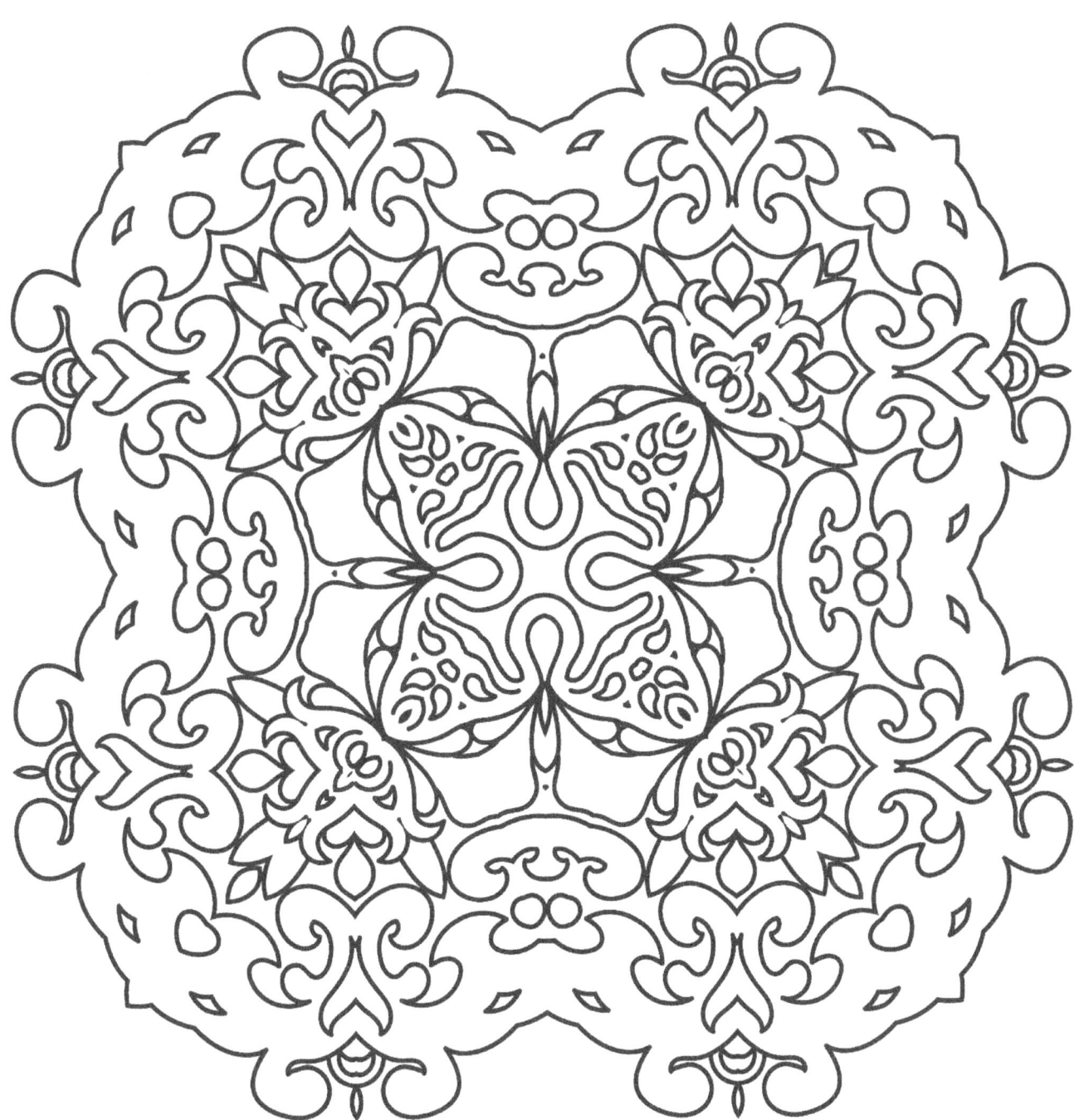

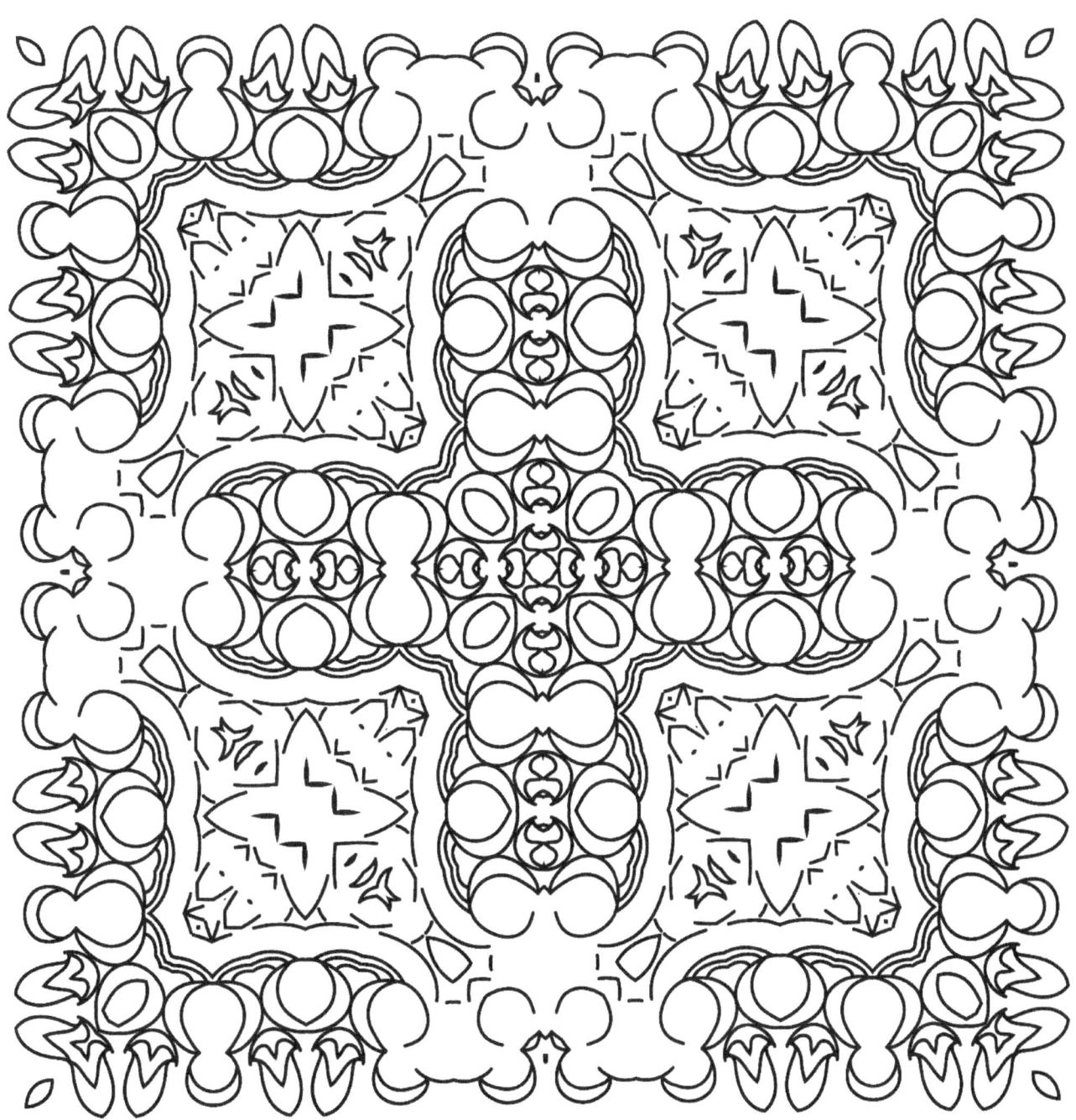

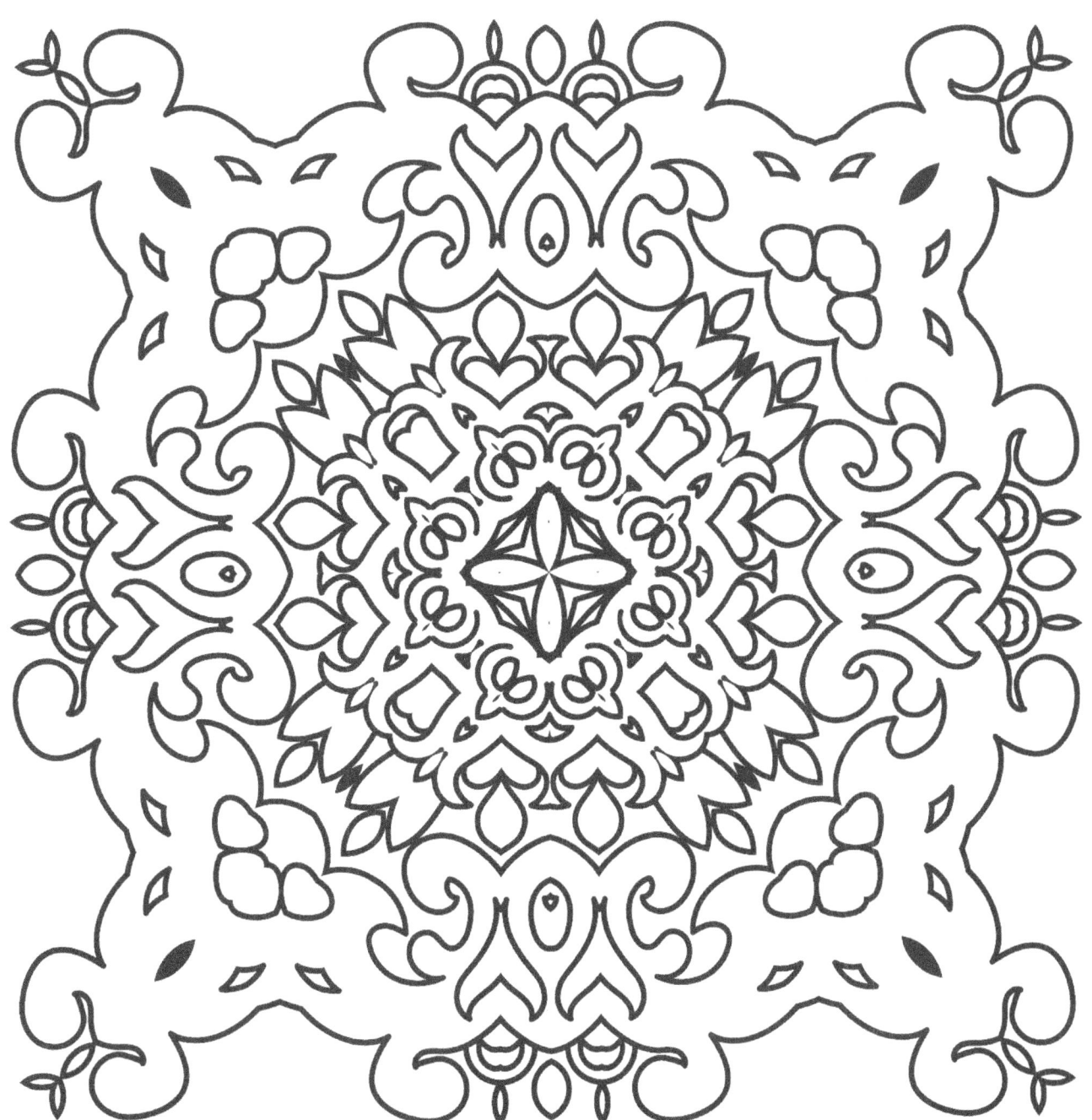

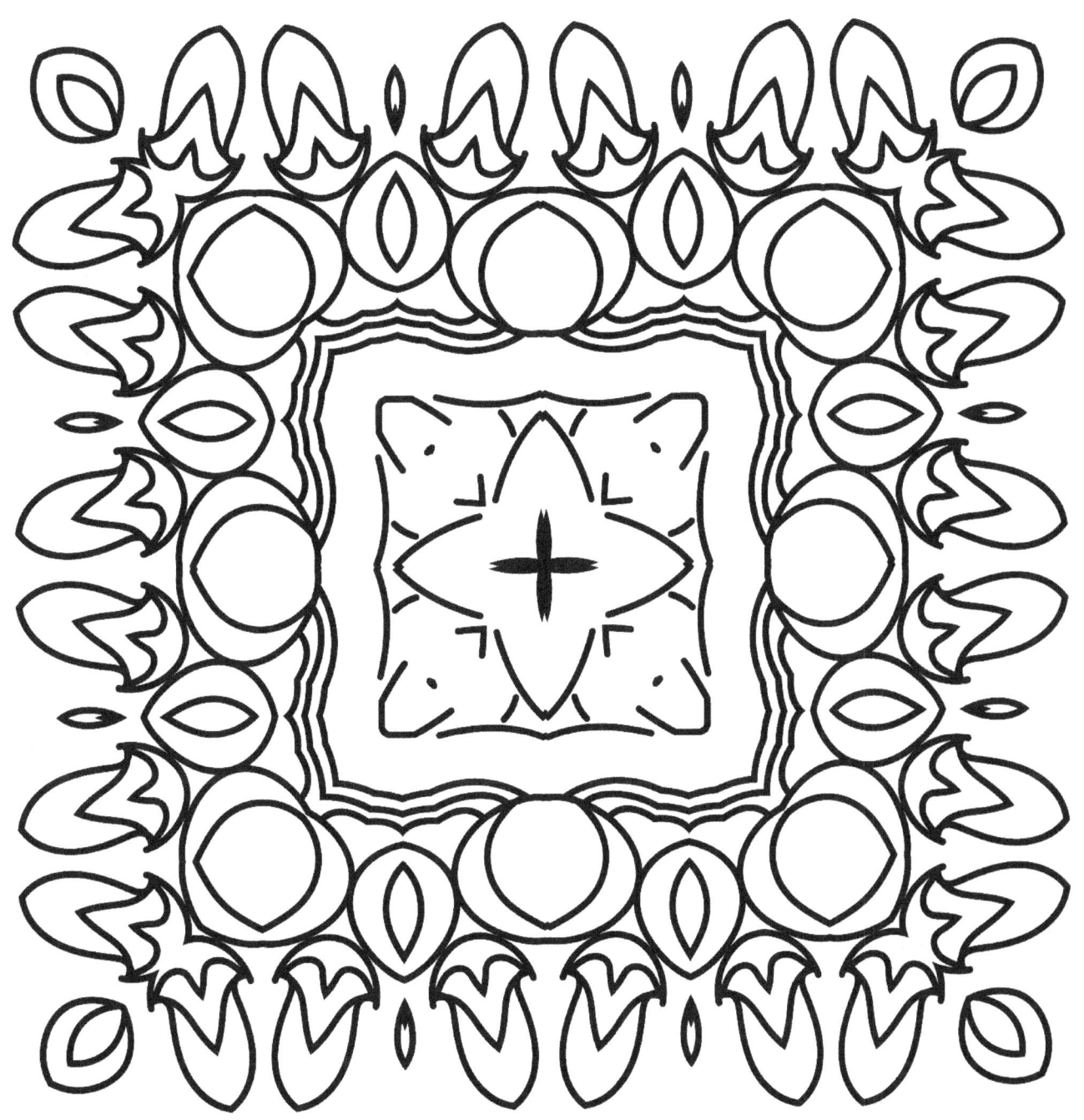

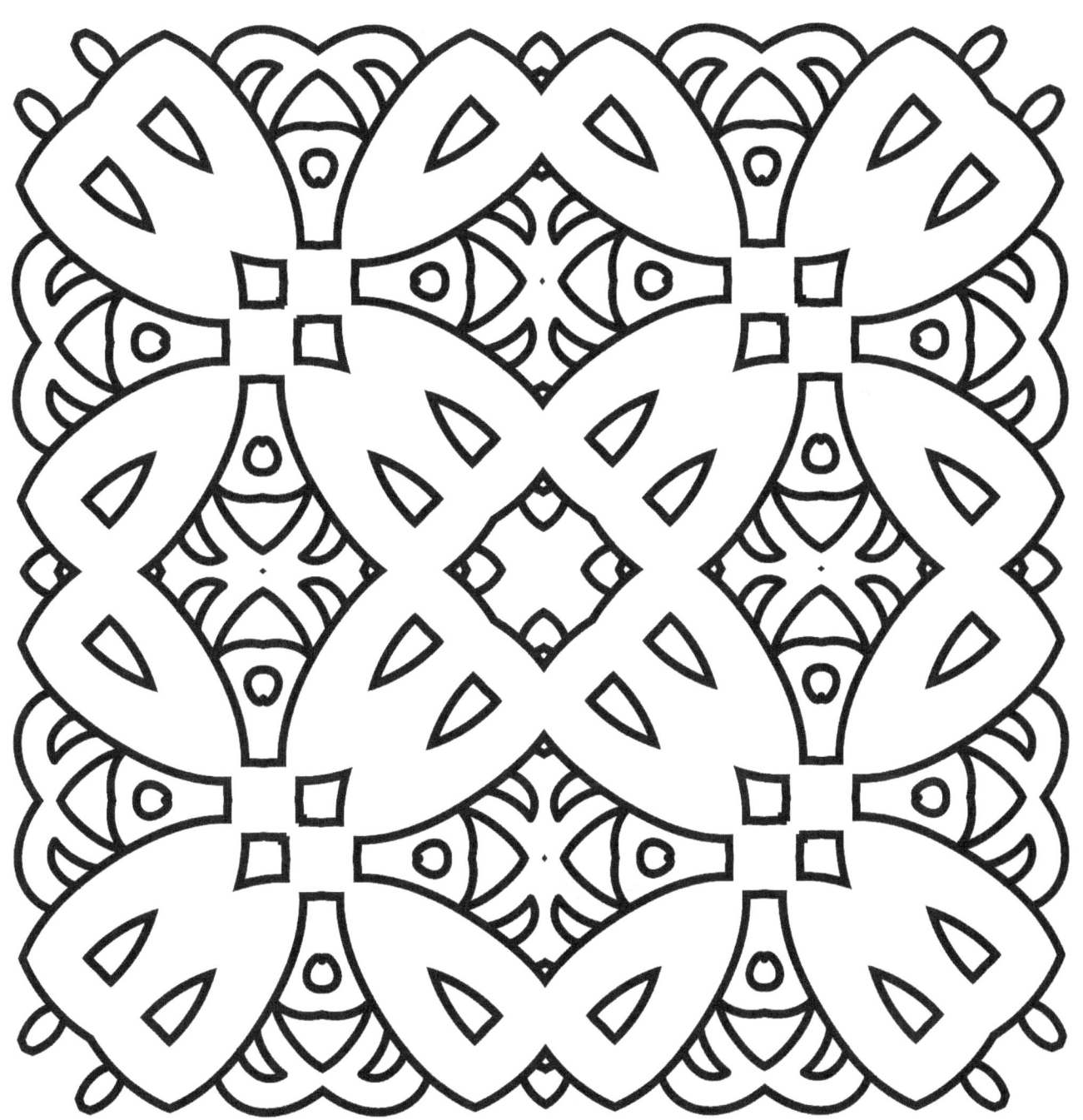

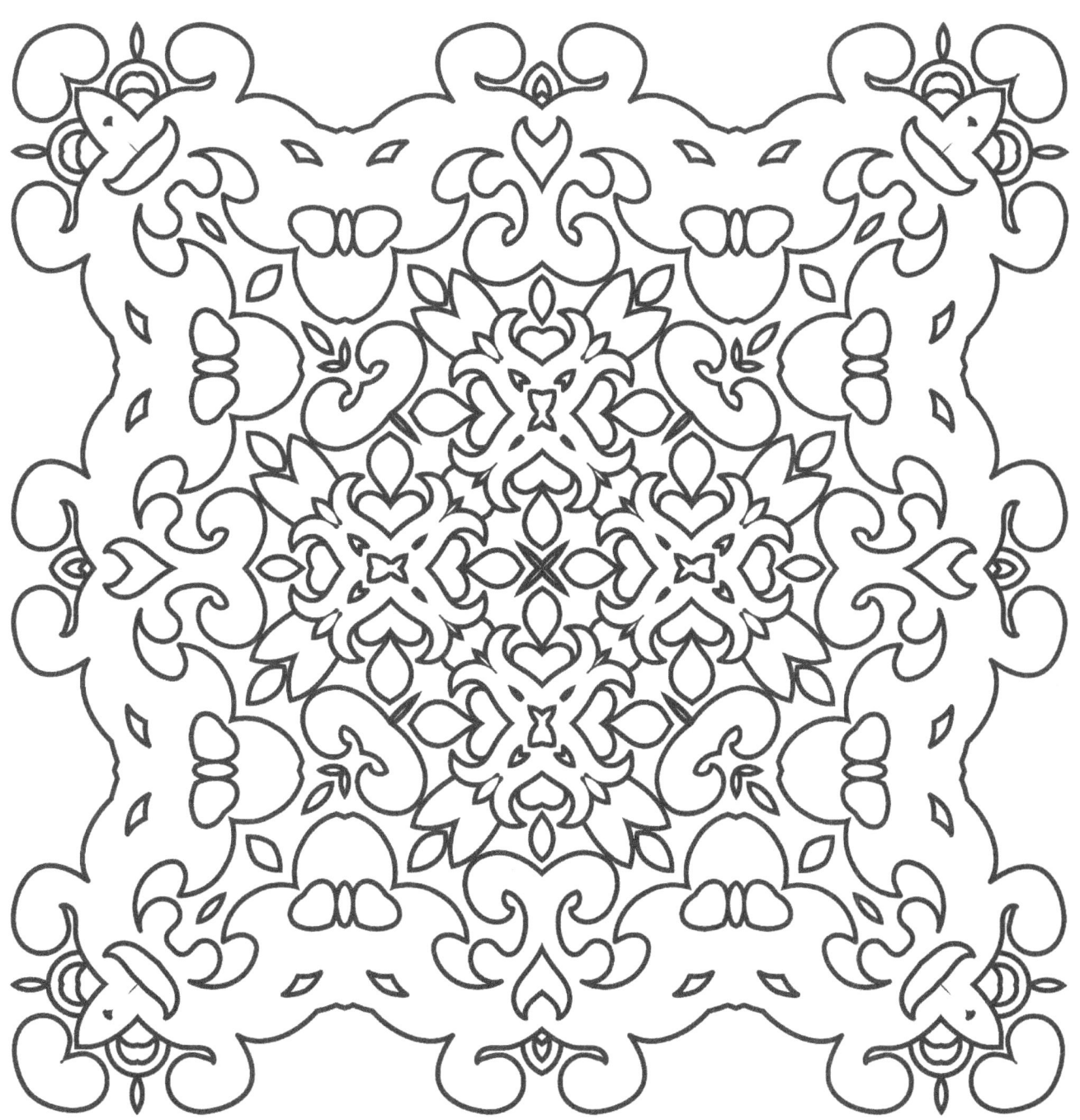

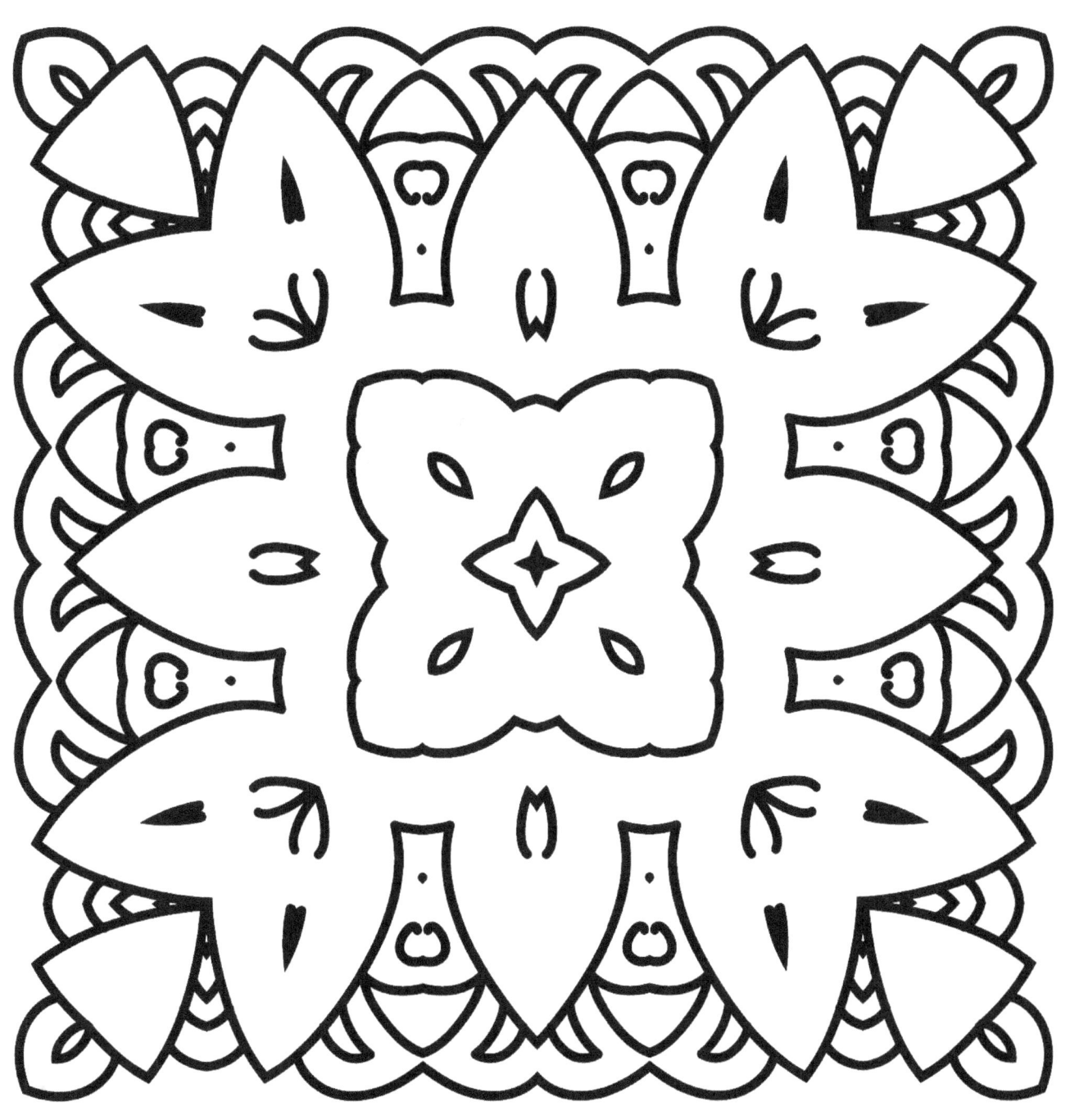

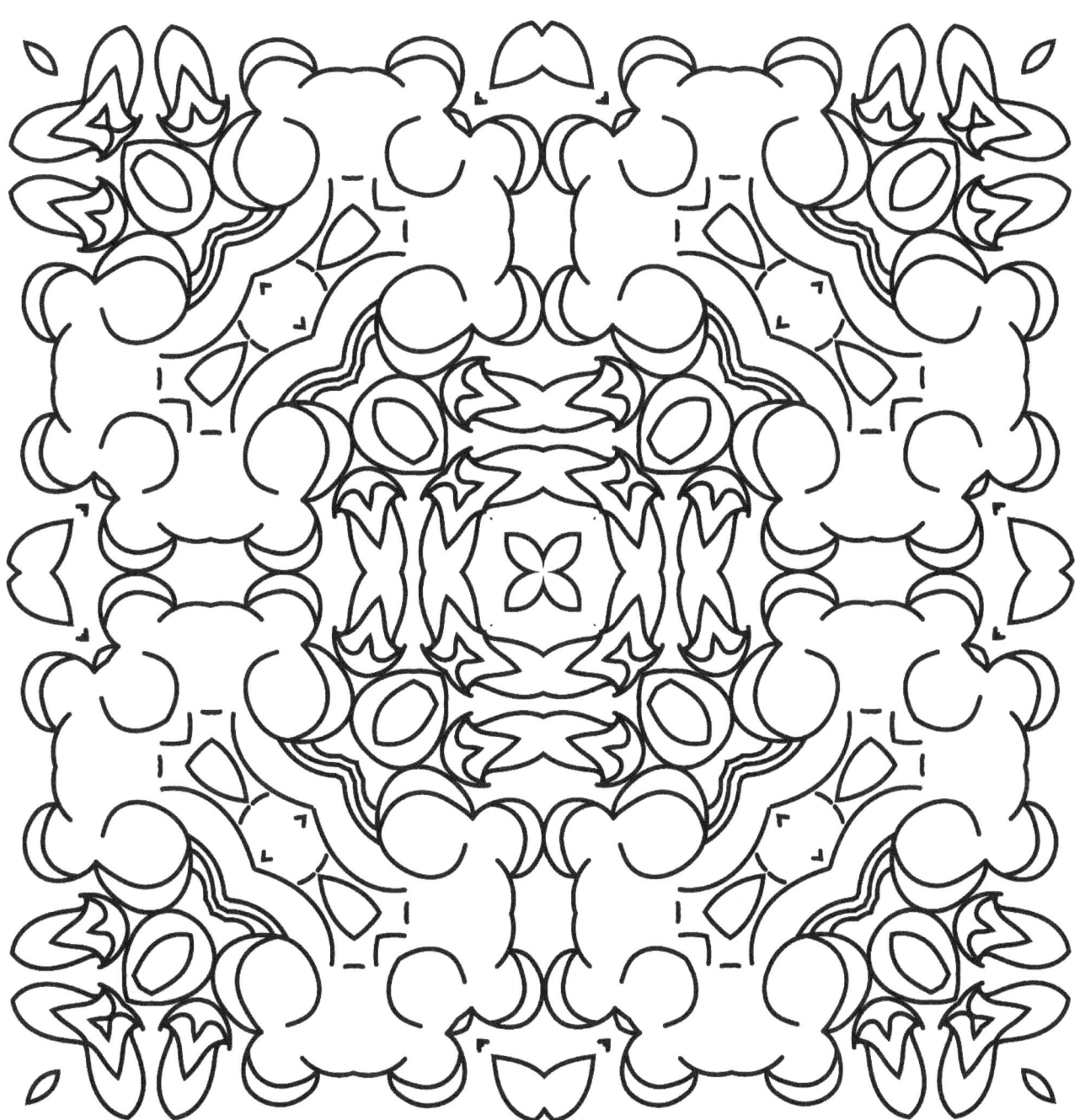

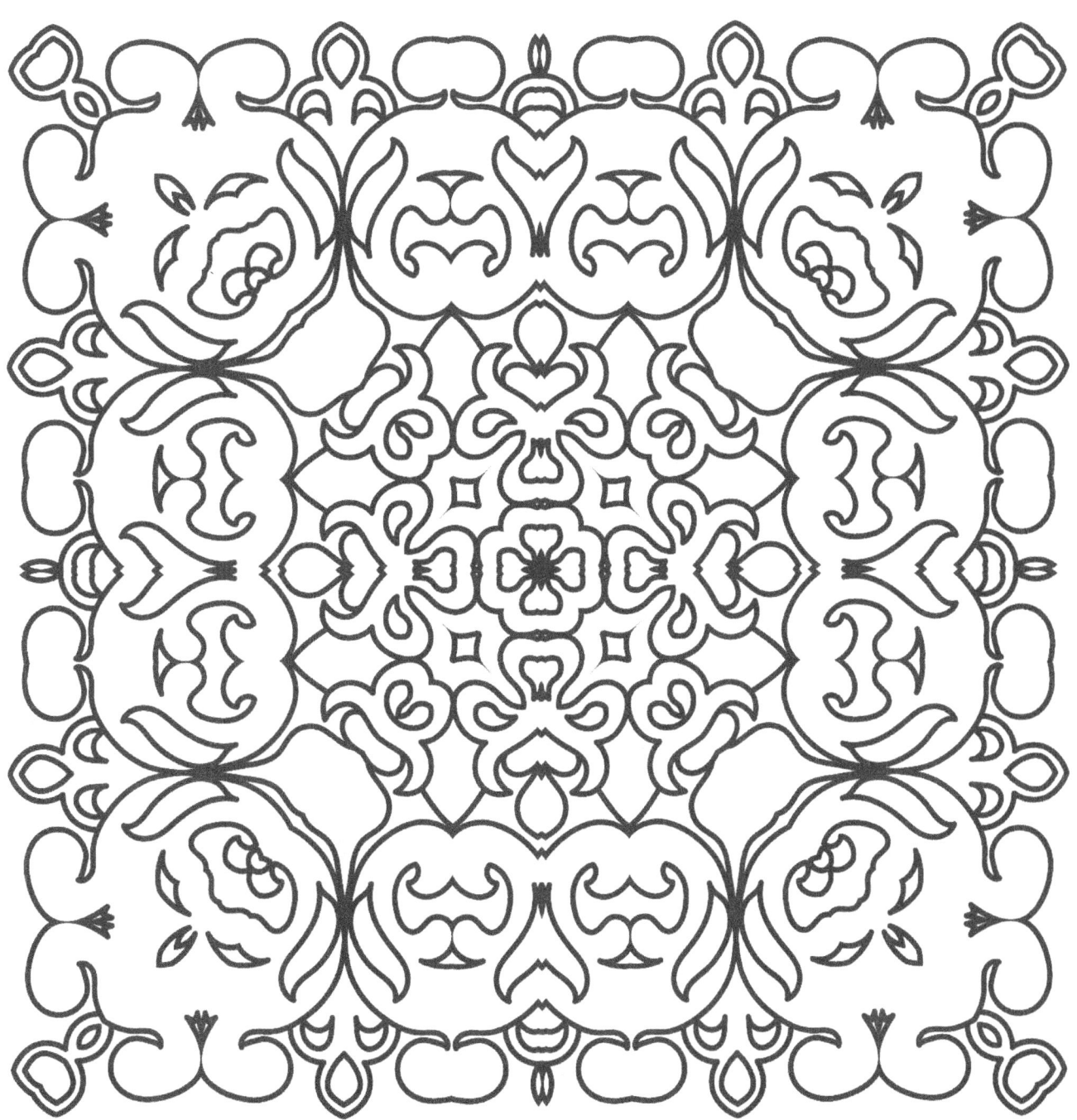

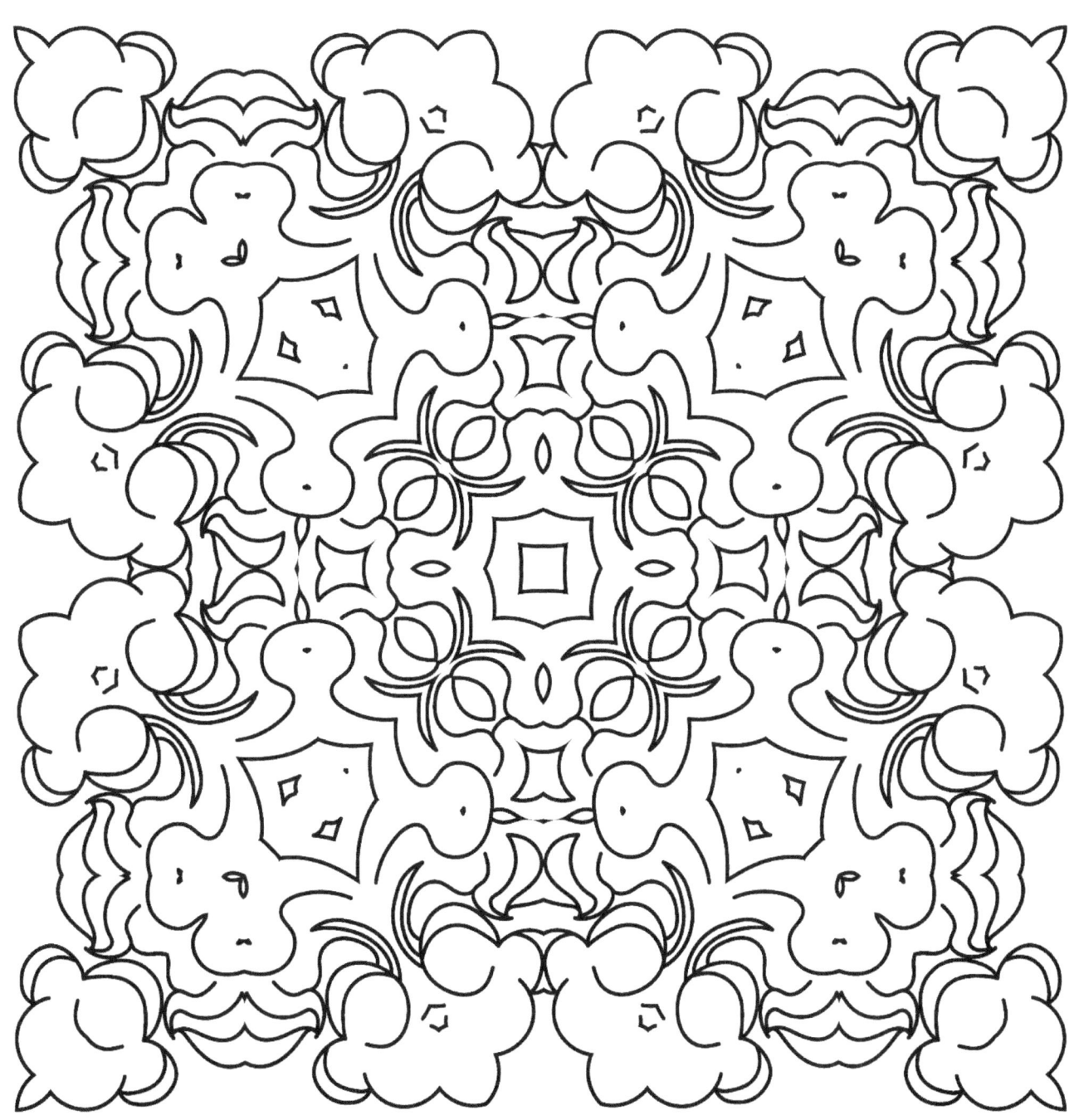

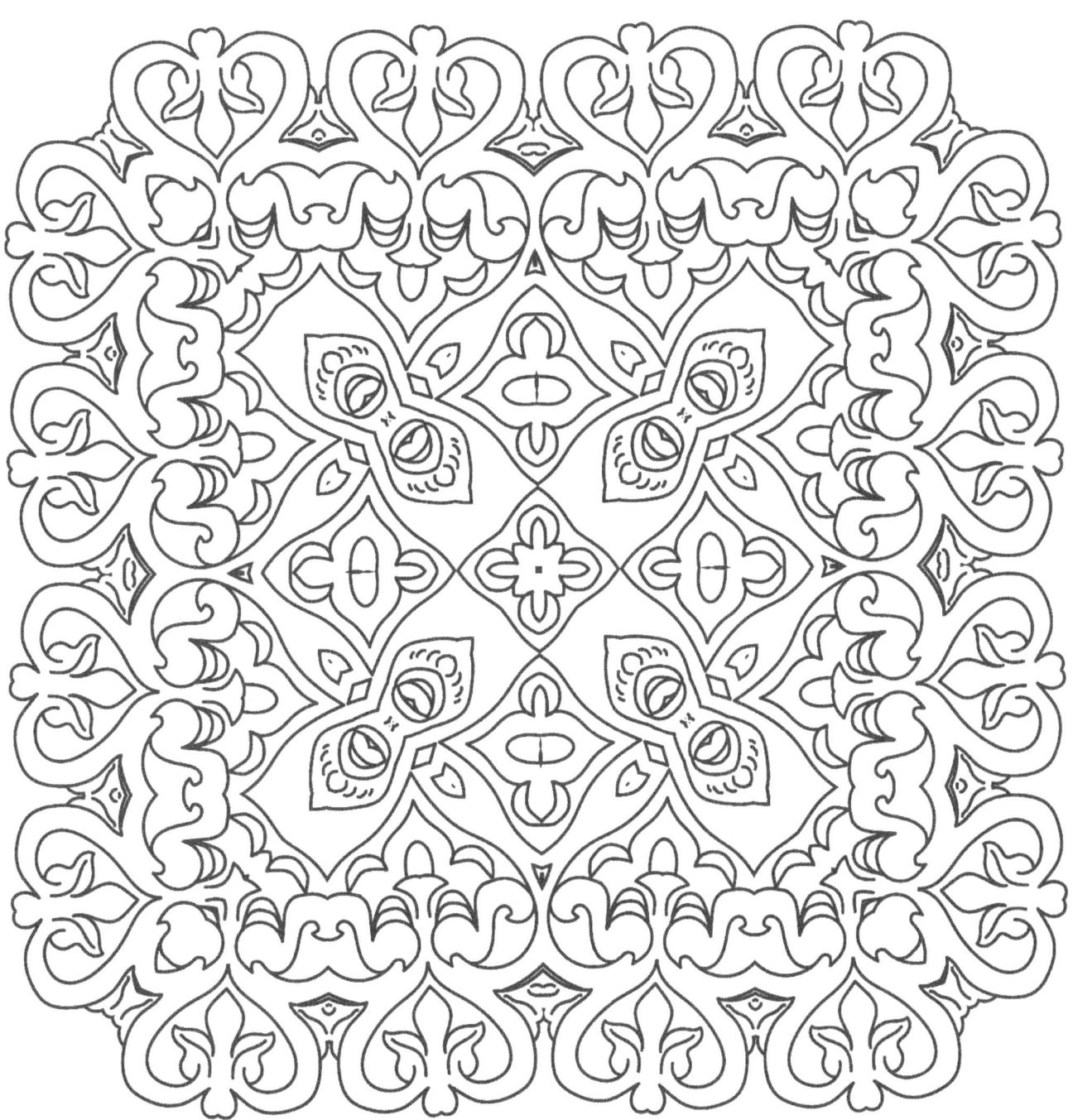

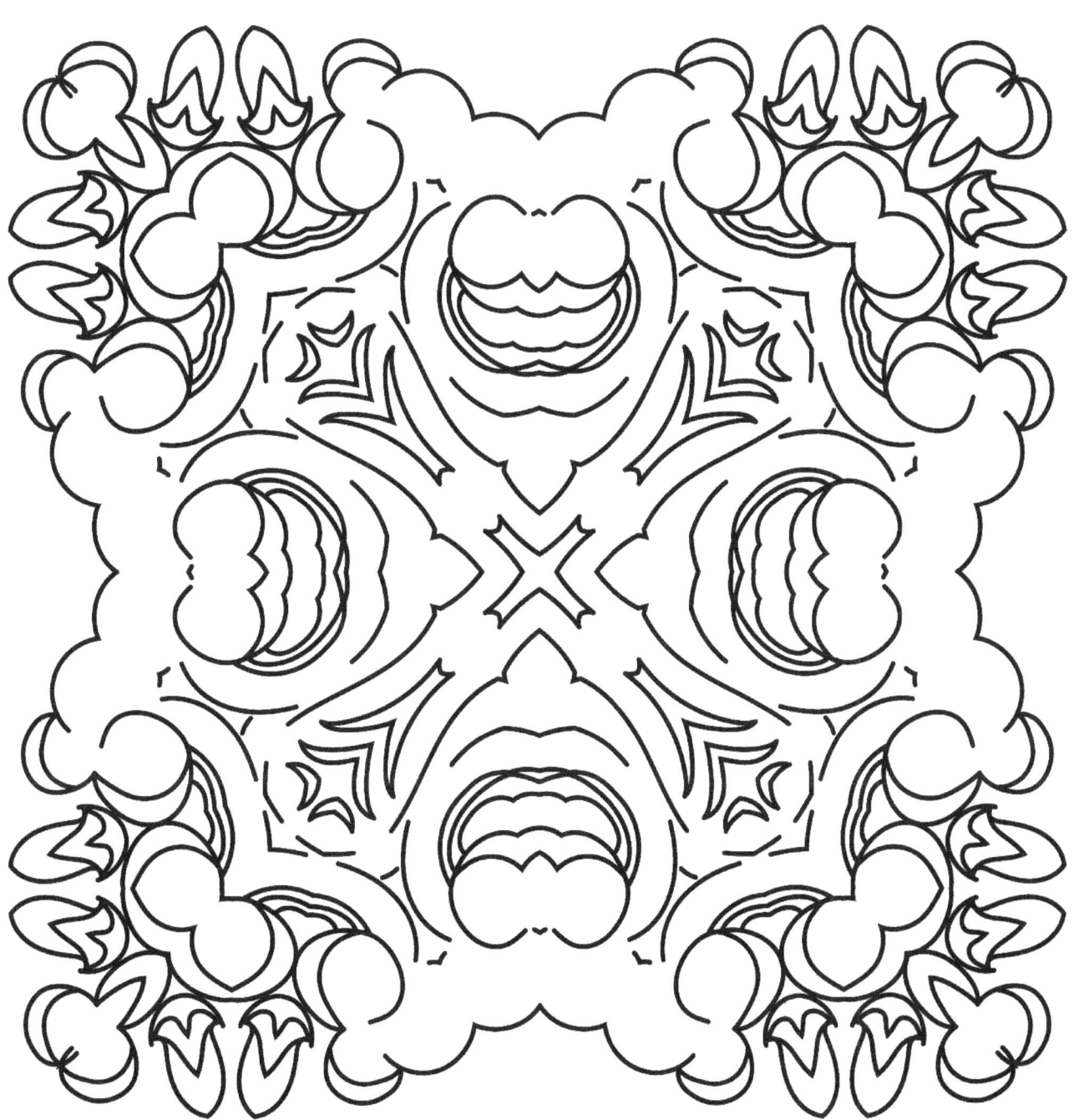

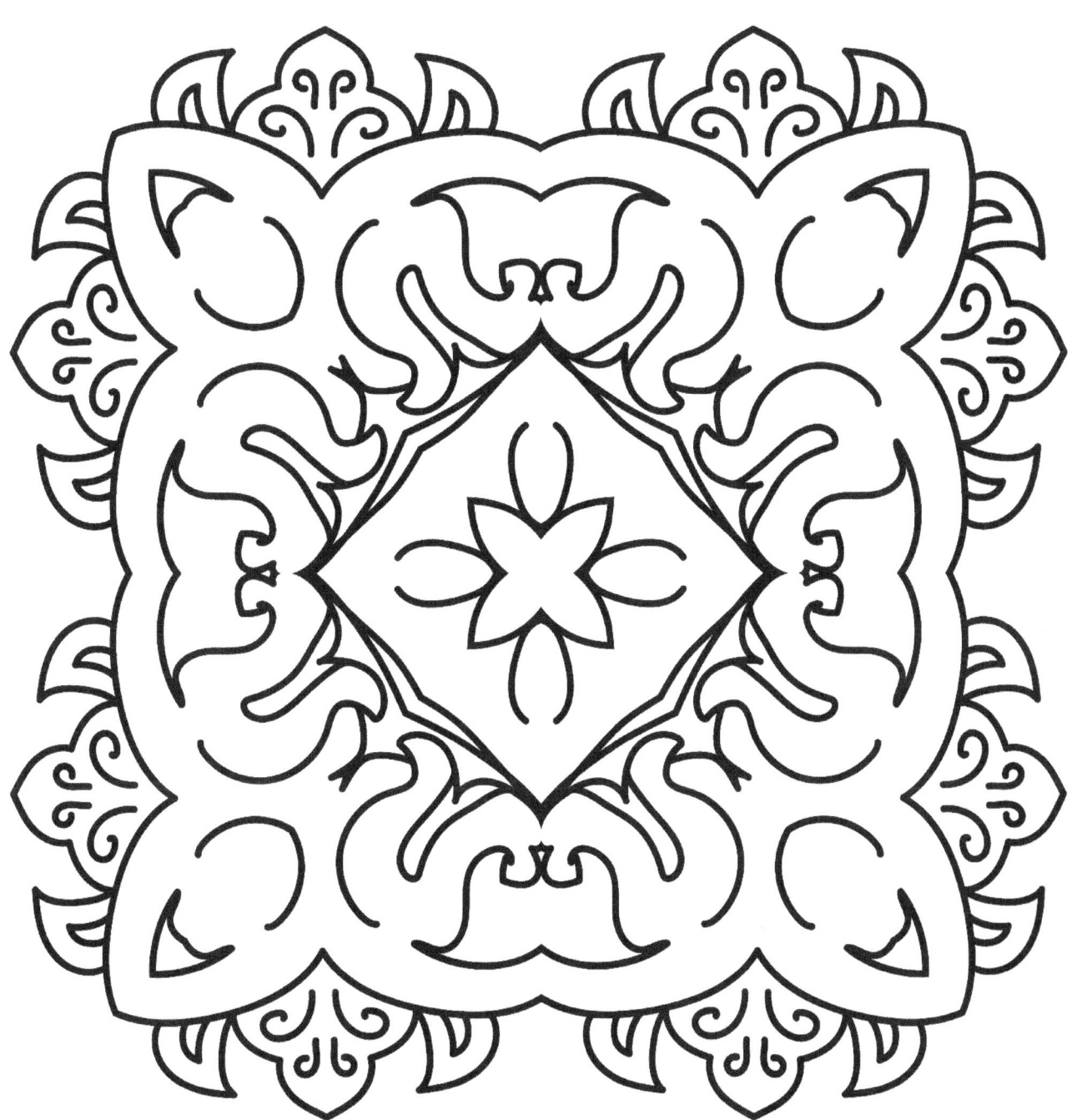

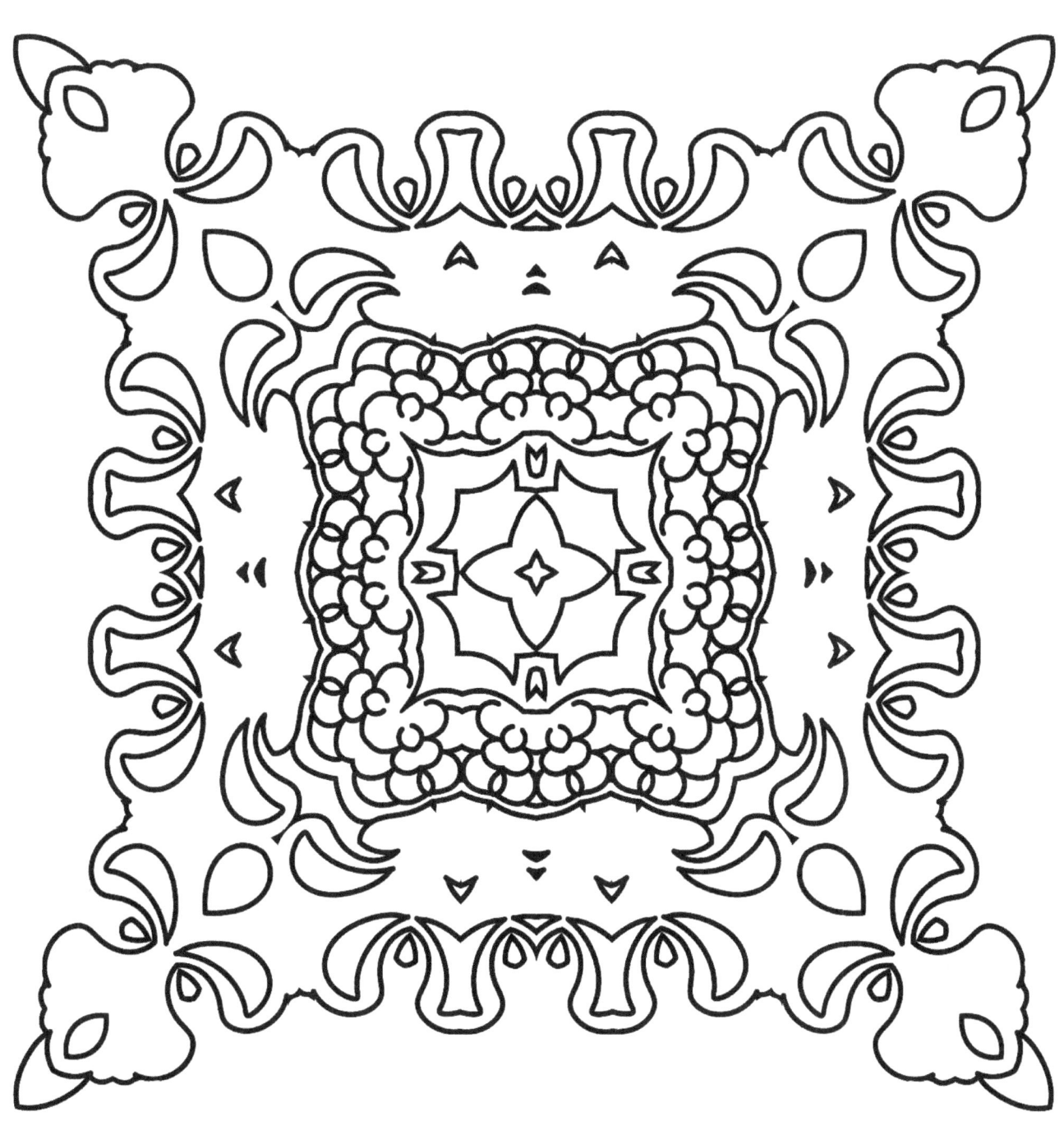

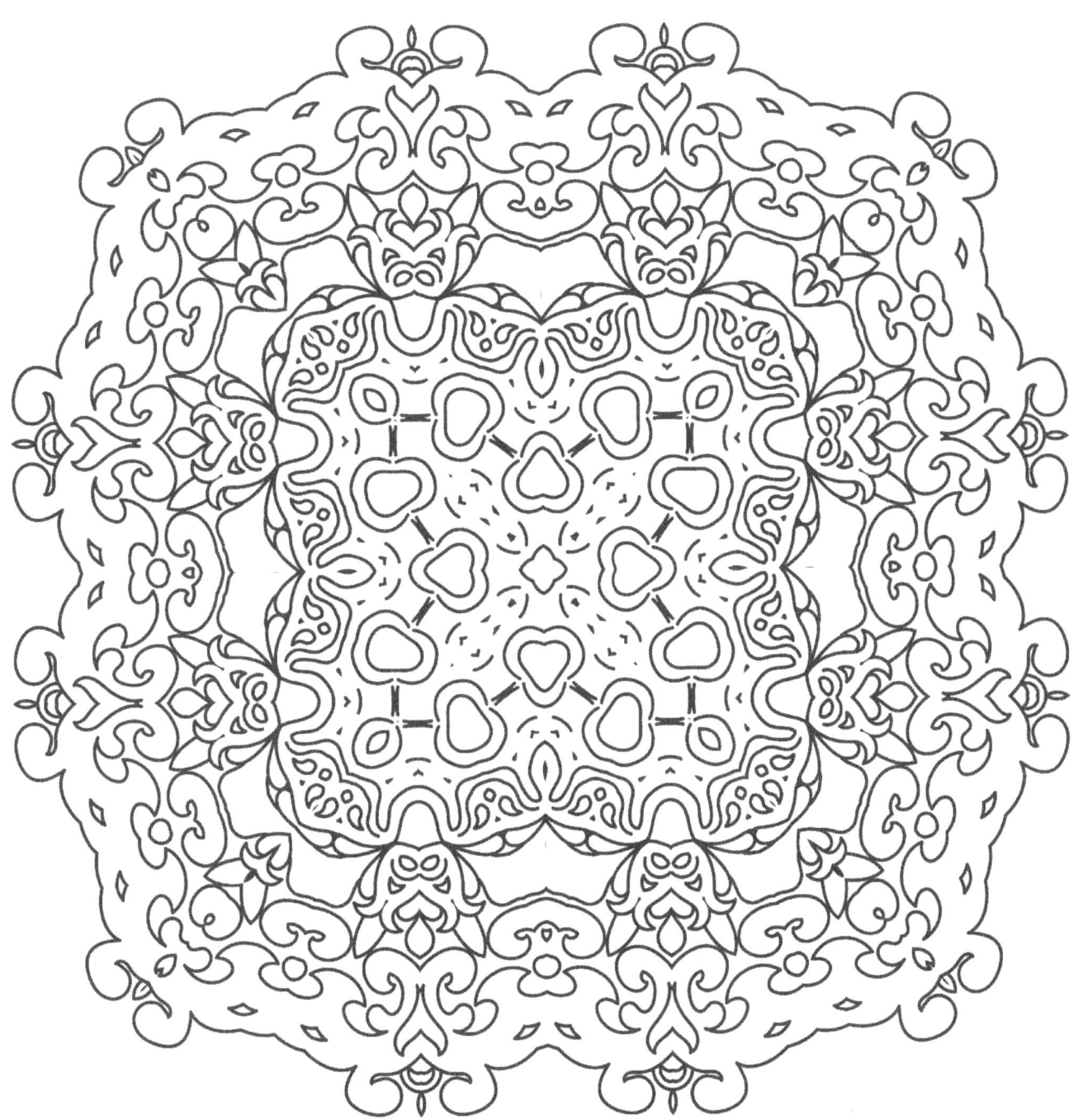

Color Test Page

More Mandala Coloring Fun
by Amazing Color Art

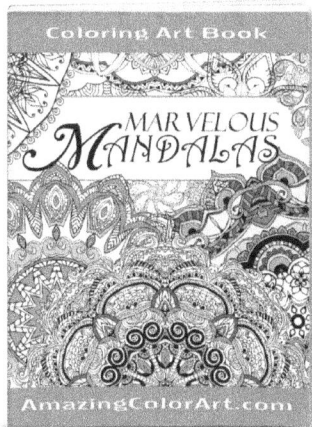

Amazon: 1533083266
ISBN: 978-1533083265

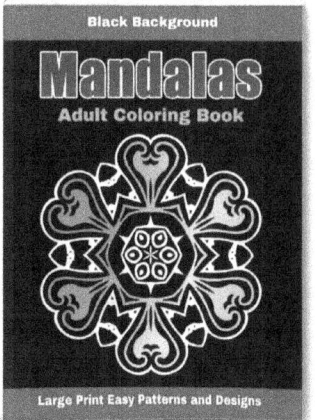

Amazon: 1947676121
ISBN: 978-1947676121

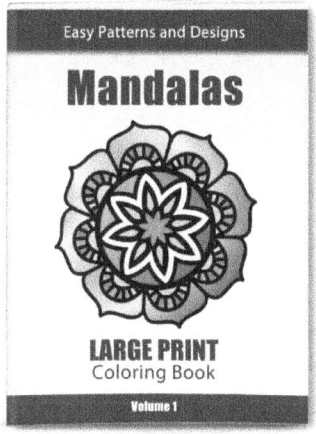

Amazon: 1947676091
ISBN: 978-1947676091

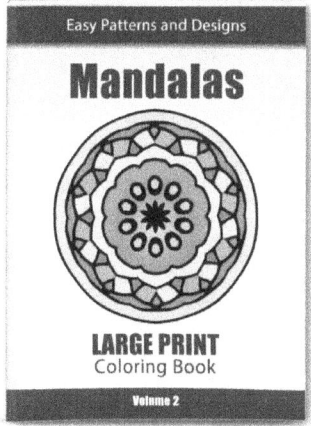

Amazon: 1947676105
ISBN: 978-1947676107

Pocket Size Mandala Coloring Books

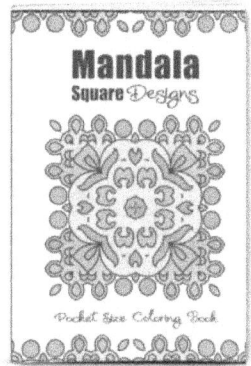

Amazon: 1730957706
ISBN: 978-1730957703

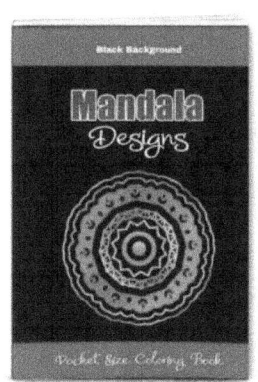

Amazon: 1730923356
ISBN: 978-1730923357

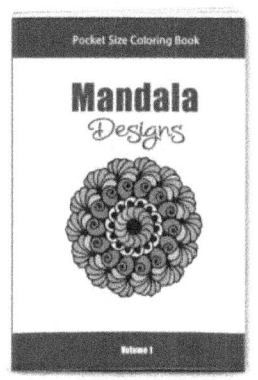

Amazon: 173083289X
ISBN: 978-1730832895

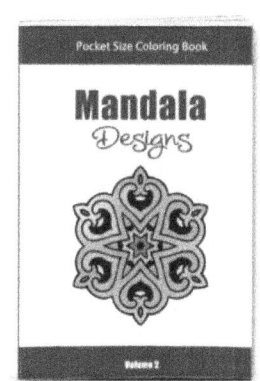

Amazon: 1730913768
ISBN: 978-1730913761

Enjoy these great titles and more by Amazing Color Art!

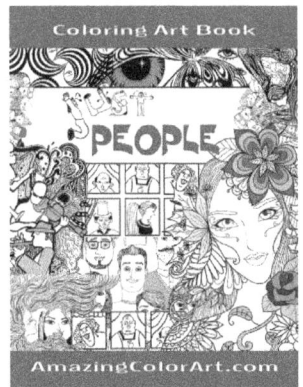

ISBN: 978-1533223913

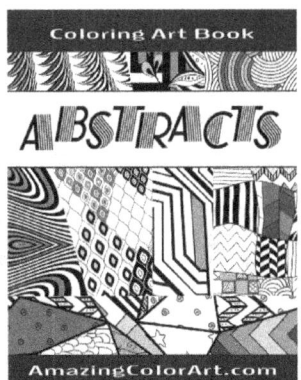

ISBN: 978-1533254757

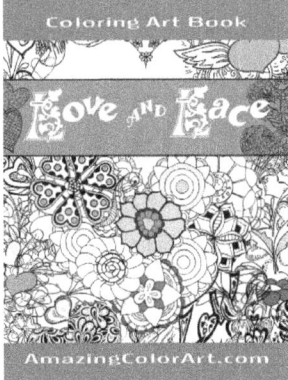

ISBN: 978-1533081643

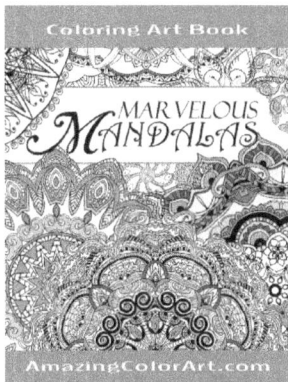

ISBN: 978-1533083265

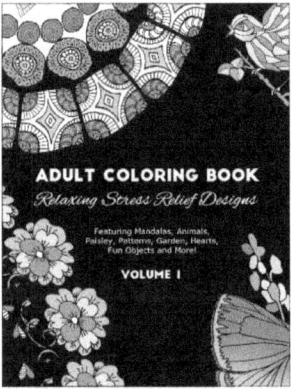

ISBN: 978-1947676053

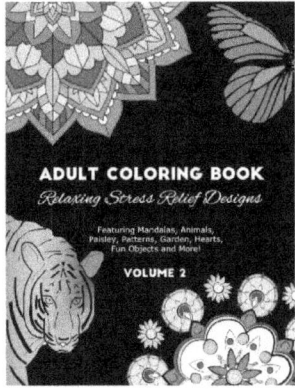

ISBN: 978-1947676060

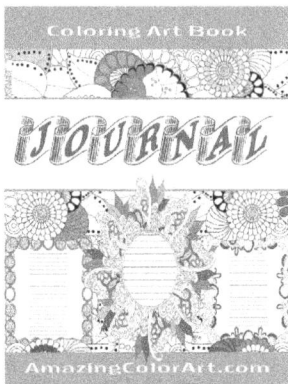

ISBN: 978-1533361608

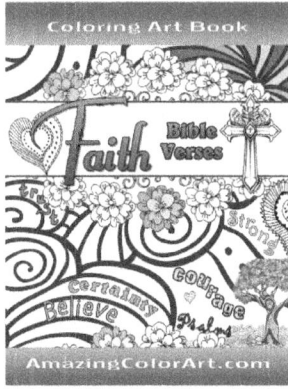

ISBN: 978-1983535413

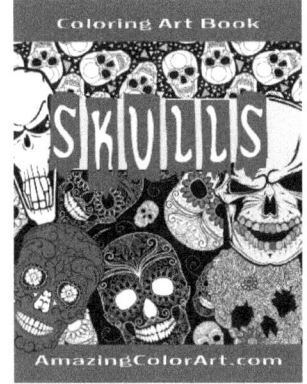

ISBN: 978-1533236340

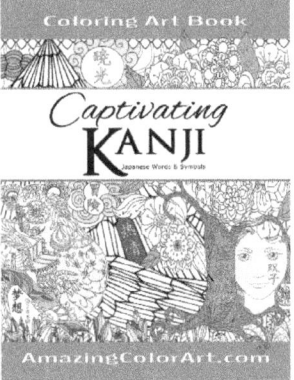

ISBN: 978-1542529143

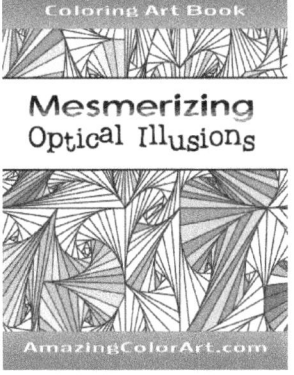

ISBN: 978-1542532648

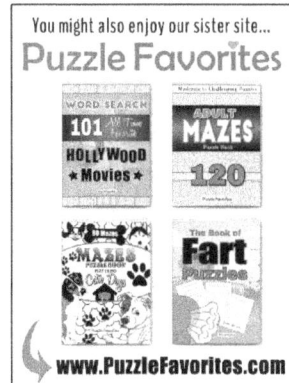

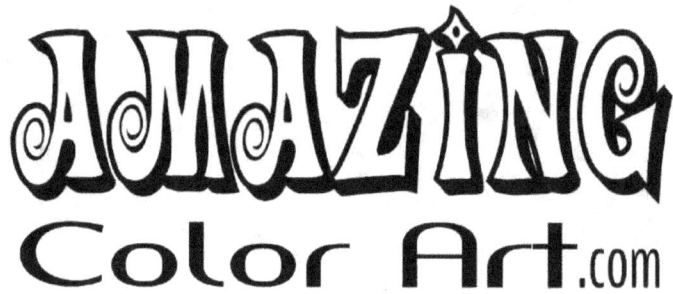

Amazing
Media Works
Print and Digital Publishing
www.AmazingMediaWorks.com

All images licensed and/or used with permission